点燃教师，照亮教育

——学校生长日志

Inspire Teachers,
Illuminate Education

Development Log of
My School

刘艳萍　著

中国人民大学出版社
·北京·

CONTENTS 目 录

第二辑 师德不是刻意要求出来的

第三辑 课程改变，学校就可以改变

序

确切地说，十一学校一分校并非人们所说的那样，是北京市海淀区第206中学和群英小学两所学校的合并，而应该是包括十一学校在内三所学校的融合，从这个意义上说，这是一项异常复杂和复杂异常的艰巨工程。

然而，我们却让从未当过校长，也没有做过副校长的一位中层干部——刘艳萍去担纲。

正如有些朋友所说的，也是艳萍事后调侃的，我确实有点儿不近人情，甚至“狠心”，然而，这却绝非草率。

2001年7月，艳萍从哈尔滨师范大学硕士毕业后来到十一学校，很快便以出色的工作赢得了师生们的认可，两年后即被委以学校团委书记。2007年，我来到十一学校时，艳萍已有6年的校龄。我从十一学校老师们的口中听到了许多对艳萍的夸赞，其中比较集中的评价是，艳萍聪明机灵，在教育教学中，尤其是在学生工作中有许多点子。同样是一项学生活动，在她手上每年每次都推陈出“彩”，出人意料，常常让老师和学生惊叹不已。确实，后来学校历年的开学典礼、运动会、泼水节，都是因为她的统筹、策划而成为学校的经典活动。每年最后一个工作日的狂欢节，也因为她的提议而成为学校一门重要的育人课程。经由艳萍策划的每年由学生评选的“学生喜欢的十项活动”和“学生喜欢的十个地方”活动，运用数据反思工作，成为促进学校管理水平提升、优化学校文化的重要机制。

在我看来，在聪明机灵的背后，其实更为重要的是艳萍的热爱学习和善于思考。

聪明并非生来铸就，点子不是天外飞来。了解艳萍的人都知道，她是一个迁移能力极强的人。从书中、从别人那里看到什么，她从来都是以学习的态度对待，从不排斥，立刻转化为自己能够借鉴什么的思考。她把思考和学习融合在一起，在用中学，在学中用，其转化能力带动了身边的同事，学习的风气影响了校园，思考的习惯迁移到师生身上——一分校今天的业绩正是令人欣慰的证明。

任何一个人的直接经验都是十分有限的，从某种程度上说，一个人能够走多远、飞多高，就取决于他对别人经验的态度。正如英国著名科幻小说家阿瑟·克拉克所信奉的："我从未长大，但从未停止成长。"我很欣赏像阿瑟·克拉克这样的人生态度，我也深知这样的人生态度，在人们追求成功的过程中的非凡意义，甚至对每一位小有所成，包括大功告成的人，同样也不可或缺。

衷心祝福艳萍和她的同事们能在更高的平台上围绕学生成长，写就更美妙的华章。

李希贵

2018 年 7 月 26 日

前　言

宣布我担任北京十一学校一分校执行校长的那天，恰好是我不惑之年的生日，仿佛冥冥之中的注定，要在生命成长步入成熟期的时候，接受有生以来最艰巨的挑战。

4 年前，2014 年的 3 月，春寒料峭。万物萌发的季节，对刚刚诞生的一分校全体老师来说，既有对学校未来万象更新的憧憬，更有对当下种种不确定的茫然与担忧。

作为海淀区优质教育均衡化发展战略下的首批布局调整校，一分校面临来自多方的高诉求、高期待。家长对“名校挂牌，换汤不换药”的疑虑，教师对“十一进入，自己未来何去何从”的焦虑，汇聚成一股莫大压力，让这个新生的合并校必须快速拿出相应的态度和行动，做出妥善的回答。

面对软件、硬件基础都很薄弱的现实，靠什么改变学校？课程改变，学校才能改变。课程又靠谁去改变？确实少不了校长的因素，但归根结底要靠老师。我一直牢牢记着赴任前李希贵校长告诉我的那句话：“每位老师都渴望被点燃！”改变学校，核心要素是“人”。

回想十一学校近八年来的深刻变革，在基础教育界探寻出一条更符合教育本质的育人道路，源自它是一场自下而上的集体创造。对一分校即将开启的系列变革，老师们的思想观念如何转变？个体创造意识如何被唤醒？专业素养和育人水平如何快速提升？理想的教育追求与现实的教学挑战如何权衡？……回答任何一个问题都需要我们低下头来，在日复一日的精耕细作中寻找属于我们的最佳答案。

1500 天转瞬即逝，每一天都因倾注了深厚情感而变得不同寻常，值得铭记。当不断有朋友让我分享一下一分校的成长故事时，我突然萌发了一种冲动，希望将大脑中如电影般回闪的那些值得纪念的日子，真真切切、原原本本地记录下来。除了真实地呈现这所薄弱校的生长历程，提供几点稚嫩的思考外，更是希望将这份日志，作为一份礼物，献给每一位一分校的老师。他们不是英雄，也不伟大，每个人都是那么平凡，但在这样一场颇有“置于死地而后生”意味的学校蜕变中，每位老师都经历了异乎寻常的考验，亲手书写了自己的成长故事，不同的故事因相同的理想彼此交织在一起，你中有我，我中有你，于是，“平凡”不再，“伟大”诞生。是的，一分校老师以群体智慧改写了一所合并学校的历史，也改变了一大批孩子的命运轨迹。就冲这些值得尊敬的平凡而伟大的教育人，这本书非写不可，有些事非说不行。

我无法将老师们每一天的生活再现，虽然名叫“日志”，实则只能通过一些典型事件将一分校这四年的生长轨迹串联起来，并且做了前后整合，其中包括了我们的困惑、思考、挣扎、探索，还有一些小感动、小成就、小幸福，所有这些已经统统化作我们甘之若饴的教育大快乐。我和老师们就在这样的一场学校变革中不断与全新的自己相遇，与美好的教育相拥。我们也更加确信，不论我们原来的起点如何，只要相信每一位老师，唤醒自我成长的内在动力，我们就可以慢慢超越原有的自己。不强行要求全体教师整齐划一，也不奢望所有人都在奔跑——有的走得快些，可以带动团队探索得更远；有的走得慢些，可以提醒团队谨慎前行。

又是一个万物萌发的春天。“十一学校一分校”这个名字，已经定格为每个“一分人”内心深处的文化图腾。因为全体老师的努力，她越发受人尊敬；因为全体老师的热爱，她越发具有影响生命的力量。谨以此书，感恩所有对一分校倾注了爱与力量的人们。

2018年3月26日

第一辑

先见人，方可更好地做事

目中有人，方可摆正心态，平等交流，真诚地尊重与理解对方。

心中有人，才能包容人性的弱点，因势利导，激发对方天使的一面，共同成就事情。

人无完人，完美只是一个概念。一个团队中永远存在长板和短板，我们必须学会善用人长，亦会巧用人短，力求实现最佳和最合理的人力资源配置，让每个人都有存在感和价值感。

往往，一个人是否愿意努力工作，并非都是钱的事儿。

每位老师都渴望被点燃

2013 年 11 月 28 日

下午四点多，李希贵校长突然找我谈话。

“学校决定派你出去历练历练。”

受北京市、海淀区教委委托，北京十一学校准备承办海淀区南部两所薄弱学校，通过九年一贯制办学，快速改变这个片区的教育生态，让老百姓家门口就有一所好学校。我的第一反应是：“十一学校人才济济，为什么派我去做执行校长？这个活儿太难干了，至少扒层皮呀！”

至于这个举措的重大意义，由于内心强烈的排斥感，直到走出校长办公室，我也没什么感觉。是后来一天天的、饱含情感与心血的实践，让我慢慢看到这所合并校绝地逆袭的实践价值。

依然清晰记得和李校长的三句对话。

“听说学校底子薄！”

“教委会大力支持！”

“听说师资比较弱！”

“每个老师都渴望被点燃！”

“听说生源特别差！”

“回家好好看看《放牛班的春天》！”

我的三个“问题”，都被李校长云淡风轻地挡了回来。但我知道，他的心情同样不轻松。作为北京市“扩大优质教育资源”的第一批布局调整校，新学校“只能成功，不能失败”。

晚上回家从网上搜到了《放牛班的春天》，窝在沙发上默默看完。伟大的马修激起了我的使命感，但随之而来的是焦虑。李校长说过，要么不办，要办就办成一所好学校，而且要快。

“到底要多快？”我问他。

他说：“春天接手，一年之内就要改变！”到底怎么改变，他让我自己先想清楚。

2014 年的春天，因为这件事等在那儿，我虽然表面平静，内心却充满了不确定性带来的紧张、胆怯以及一丝莫名的兴奋，既盼望着教委快点公布，别错过筹备变革的时机，又祈祷慢点到来，远离那种不可预判的生活。

2014 年 3 月 26 日下午四点，我脑中空白，脚下发飘，有些心虚地跟在李校长身后，走进那个我内心一直抗拒的地方。两所学校隔着一堵墙，很高、很厚，完全看不到彼此院中的模样；一排写满岁月沧桑的大杨树，紧挨着这堵墙站立，默默等待着即将发生的一切。

“教委为学校命名了吗？”我小声问李校长。

“十一学校一分校。”校长回答。

中学那边没有报告厅，60 多位干部、教师鱼贯走进小学的报告厅，与 70 多位陌生的小学老师第一次一起集中在如此紧凑的空间里。两校一墙之隔几十年，在优质教育均衡化发展的大趋势下，瞬间由两条平行线交错为命运共同体，相信每个人内心都不平静。

简易的主席台上坐着和这个历史事件紧密相关的各方代表，教委领导宣布两校合并的背景和意义，措辞非常谨慎，但一直面带笑容，这在很大程度上缓解了会场气氛的尴尬与压抑。坐在台下的我第一次感受到面对一项牵动多方利益的决策，领导们要承受多大的责任重压。

李校长讲了一段话，记得最清楚的就是“十一学校不是救世主，我们是和大家一起来办教育的”的这句。他向大家介绍我，我站起来转身向 100 多位老师鞠躬示意。虽面带笑容，但因为紧张以及对老师们心情的感同身受，我的眼神是飘散的，没忍心聚焦任何一张脸，只感觉到黑压压的、肃穆的一片。

第二天上午九点，李校长亲自送我上任，接近中午时，他准备离开，大家一起送到校门口。

李校长看了看亦步亦趋的我，半开玩笑地说：“嫁出去的闺女啦，要好好待在这，不可轻易往回跑哇！”我觉得这句话特别形象，不禁笑起来，却不知为什么，突然一股巨大的伤感涌上来，鼻子发酸，眼泪差点落下。是的，从今天开始，当我走进这个 36 亩地的小院子，就意味着我接下来的命运轨迹与那个培育我 13 年的 234 亩地的十一学校大院子，渐行渐远。但那里给予我的理想、信念、做人做事的原则，以及面对挑战的勇气与达观，却会永远流淌在我的血液里，支撑着我坚韧前行。

李校长钻进校车，向所有干部挥挥手，“绝尘而去”！对，当时脑中蹦出的就是这个词。但我知道，校长有多么在意这所学校。按照他的行事风格，他一定会站在背后默默支持我，让我放开手脚，不瞻前顾后，不畏首畏尾，正确而坚定地走好每一步。

我内心酸楚而坚强地站在原地，身后是 11 位陌生的干部，来自小学的赵颖、陈军、朱月玲、吴静、张克、王双贝，来自中学的杨金才、于海龙、隋子英、叶翠、张爱兵。我知道，他们都在齐刷刷地看着我的背影，一个被他们后来追忆时调侃为“瘦瘦小小的背影”。转过身面向他们，再平常不过的举动，此时此刻，需要多大的勇气和自信哪，脸上笑意盈盈，内心翻江倒海。我自己后来曾经无数次回放这个画面，长镜头与大特写交错闪现，就像春天里即将怒放的花朵，安静而汹涌，纤弱却充满力量。

就这样一群人，来自三所不同的学校，拥有不同的文化背景和教育经历，面对两校合并、第三所学校承办的复杂局面，我们怎样消除隔阂、共启愿景，生长出一所新的学校?

一晃四年过去了，答案也正在慢慢呈现……

每次回到十一学校的大院子，就像依进母亲的怀抱，温暖而熟悉的味道让我备感安全；而每次站在十一学校一分校的小院子里，看到老师忙碌而快活的身影，孩子们天真烂漫的笑脸，我感受到同样的温暖和踏实，并常常泪眼婆娑。于是，每每这个时候，我真的总会想起艾青的那首诗：“为什么我的眼里常含泪水？因为我对这土地爱得深沉……”

先人后事

2014 年 3 月 27 日

下午，我要来中学、小学两所学校的教师名单，上面附有每位老师的情况简介。看完后，心里一个劲儿嘀咕：“没有名师，缺少骨干，拿什么快速见成效哇？”

心中不免焦虑，打电话给李希贵校长。李校长依旧温和平静，缓缓地说：“先不要问老师能为学校做什么，而要问我们能为老师做什么。”

“先人后事”，这是十一学校管理中的一条黄金法则。人弄不明白，事情是无法干成的。建立感情，赢得信任，成为我上任后排在第一位的工作。

如何建立感情？如何赢得信任？

从沟通开始，让做事说话。

杰克·韦尔奇说：“如果问我取得成功的最重要的一条建议是什么，那就是应该走出办公室去接触每一个人，仔细听听他们说什么，获得他们真正的想法，并且真正爱他们，真正走入他们的内心之中，给他们的工作和生活赋予意义，这是我们应该花大把时间去做的。”我听从了这条宝贵的建议，每天走动办公，通过大量沟通以了解老师的想法与需求，锁定老师迫切需要解决的实际问题，并且说干就干。但我不断告诫自己，不要擅自触碰历史遗留的老大难问题，比如，教学用地上的住户拆迁；不要通过轻率承诺来换取一时的热血拥护，比如，随意涨工资；也不要一头扎进短期内很难见成效的工作，比如，课程教学变革。这些均需要系统筹划、稳步推进。应该从最容易改变的地方入手，力求快速见效。

小学的教师最希望改善的是食堂。他们一直吃外面配送的“营养餐”，营养不好说，单是卫生就很难保证。恰好中学这边刚刚建成一个自营餐厅，菜品、营养、卫生均由学校自己把关，于是我推动两边总务人员快速拿出供餐方案，不仅全体教师的早餐、午餐全部由学校食堂提供，还要着手逐步解决学生的用餐问题。老师们能吃上丰富可口的饭菜，心情自然就舒朗起来。

老师们原有的办公设备很简陋，复印卷子都需要跑好几层楼，挤到一个打印室里，费力而低效。盘查完两校账上的信息化费用后，我们决定挤出一部分资金，为每个学科配备打印机，对此老师们特别兴奋。我告诉大家，这仅仅是开始，下一步要为每个班级教室、学科教室安装打印机，以方便师生使用。老师们大声惊呼“不敢相信”。结果 9 月 1 日开学第一天，这个承诺变成了现实。

通过走动办公，广泛听取老师们的想法，结果寻找到很多可以快速改变的地方：有的只需要重新调整一下流程，有的需要打破一下惯例，有的仅仅需要换个思考角度。比如，学校工会设立“金点子”奖，鼓励老师参与学校管理，结果短短一个月内，老师们就提出了 62 条建议。工会收集上来后与学校各部门对接，由部门研讨处理方案，简单且合理的建议立即采纳、落实，复杂且可行性有待研究的，则在调研、广泛征求意见后决定是否采纳。一旦采纳，就通过公示、表彰，鼓励老师奉献智慧。比如，有老师抱怨，工会组织活动发放的奖品总是那几样，需要的不给发，发的又不需要。这个问题很容易解决，站在老师的角度改变一下工作流程便可，由学校决定发什么变成老师选择要什么 —— 在符合财务制度的前提下，让学校福利更贴近老师的个性化需求。

老师们提出身边无好书可读，能否由老师决定购买什么图书 —— 没问题，事情就应该这样做。于是，学校下放图书购买权，今后都要按照教师的教育教学规划购买图书，但书单需要经过学科组的集体审核。此外，学校为各个学科划拨活动经费，鼓励学科自主开展学术活动；取消每周一次的全校大会，改成每周由教师团队自由组织的各种沙龙分享活动；评选月度人物，发现教职工闪光点；建立评优评先的民主流程，等等。

这样一来，干部、老师们的脸上渐渐露出舒展的笑容，神情不再小心翼翼，茫然无措，愿意走近校长聊天，也敢于提出想法和建议了，并且由衷称赞十一学校："看来，十一学校真的挺把老师当回事的！"

有了情感的连接和基本的信任，才会有携手改变学校的可能。

从今后，取消每周全校大会

2014年3月28日

上午，两边的干部都找我。

“校长，是不是开个全校大会讲讲话呀，老师们连您长什么样都还没看清呢。”

“我想先看看，还是缓一缓吧。”这个时候开全校大会确实不明智，什么情况都没摸清楚，哪能呜里哇啦乱讲一通？刚走了一个，又来了一个。

“您还是和老师们见个面吧，大家心里七上八下的，特别不踏实。”

想想也是，大家现在需要个主心骨。“好吧，但不要开全校大会，我两边分别见见面吧。”

十一学校一分校合并的最初三个月里，一直被那堵墙分成两半，中学是中学，小学是小学，我两面跑。四月初在墙上开了一个小门，一是方便来回走动，二是一点点破除阻碍，为彻底消灭大墙“合同为一家”做铺垫。

当天下午，我分别在大墙两边不同的会议室里，和老师们见了面，简短地做了自我介绍，描述了一下学校的未来，更主要的是安抚老师们。大多数老师是在宣布两校合并的前一天才知道的，可以想象大家内心的彷徨无措。没有什么大口号，也没有什么承诺，就是笑着告诉大家，我需要大家的帮助，让我们一起努力把学校办好。

第二周，两边负责全校大会的干部又分别来找我。

“校长，小学这边是每周二下午开全校大会，您看要讲点啥，我们好做准备。”

“校长，中学这边是每周四下午开全校大会，您看咋安排？”

十一学校早在七八年前就取消了每周全校大会，因为统一的大会是没有办法解决一线教育、教学的个性化问题的。全校大会只是解决某类问题的一种手段而已，一旦学校把每周大会变成必须执行的工作任务，为了开而开，就会忘记开大会的真正目的。没有意义的事情做多了，老师自然而然就会反感甚至消极对待。于是，台上领导口若悬河，唠叨着为了开会而拼凑的内容，台下却坐着一群“非暴力不合作”的群众，或者低头刷圈，或者闭眼昏睡，或者两眼无神地遐思迩想，也有勤奋一点儿的，干脆把工作带进会场，比如判卷子。

“从这周开始，取消全校大会吧！”

“啊？”

“啊？”

两边的干部都发出这样的惊诧，估计心里在想：“这家伙会当校长吗？”取消全校大会，无疑是放弃校长的话语权，丢掉统一思想、发号施令的有力武器。其实，当校长把话筒交到老师们手里时，这个武器才能真的发挥出巨大威力。

后来干部们又来问我：学科组、备课组每周还开不开会？如果开，每周开几次合适？如果不开，那通过什么来抓教师的专业成长和教学质量？我让大家讨论这个问题。讨论的结果是，学科组、备课组每周的教研活动是十分必要的，对我们极为薄弱的师资队伍来说，尤其突显出其不可替代的价值。唯有抱团取暖、结伴前行，我们才可能变得强大。我们必须聚焦每一位学生、每一门课程、每一个学段、每一个单元、每一堂课，扎扎实实、勤勤恳恳地让十一学校的育人理念，通过我们一点一滴的实践，在一分校落地生根。每周需要教研多少次，因需而定。不搞形式主义，不做浪费时间的事。每一次教研都是为了研究“我们要干什么”“我们要怎么干”“我们干得怎么样”，研究目的是为了“更好地行动”。于是，我们的教研慢慢成为老师们的一种常态校园生活，两个人、三五个人，抑或更多，随时随地都可以发生教研——教室里、走廊中、操场上、餐厅里……经过一段时间的努力，大家不知不觉建立起共同的话语体系，三句话不到就会谈到学生、课程与教学。后来，我们干脆将学校餐厅改造成了咖啡厅，饭毕，学术教研就地发生。

事实证明，统一思想，靠的是干事，而不是开会。当我们将心中信奉的教育价值观通过一件一件具体的实践，在师生眼睛里变成现实时，大家就都信了。比如，与其在大会上一遍一遍强调“学生第一”，不如竭尽全力为孩子建一个卫生、美味的食堂；与其要求老师每个学期末都上交总结、反思或者论文，不如帮助每位老师发现长处，搭建他不断超越自己的成长平台。“其身正，不令而行；其身不正，虽令不从”，说的就是这个道理。

服务“三级跳”

2014年4月4日

一分校的组织架构是学校系统变革中最先被撬动的一块，通过部门重组和双向聘任，学校快速完成了扁平化的组织重建。减少中间层级，缩短信息沟通渠道，快速响应一线师生需求，这是扁平化管理的核心目标。能否实现，则取决于扁平化后的组织运行机制。教导处、总务处、党政办公室这些行政部门，如果不及时完成“从管理走向服务”的职能转型，一切就仅仅是表面文章。

从管理走向服务，简单点儿说，就是从管理“事”走向服务“人”。

今天下午，我带着部分老师乘坐校车到总校参观学习，下午五点半活动结束。和老师告别时，我随口叮嘱大家乘坐校车走。有人悄悄提醒我，校车司机已经下班，老师们只能自行返回了。我很诧异于司机师傅对下班时间的“忠于职守”，对自身职责的懈怠。老师们奔波学习如此辛苦，行政人员却只盯着作息时间表，对老师的需求视而不见。可见，从管理走向服务，首先要做到“心中有人”。

结合这个案例，学校各行政部门组织全体成员进行了工作反思，认真研究部门的职能定位：到底什么是服务？服务的对象是谁？什么样的服务方式能更好满足客户需求？建立怎样的服务流程能更高效快捷地解决问题？边实践边反思。从此，后勤保障部门的服务在三年内实现了“三级跳”。

最开始，全校老师加入一分校微信群，沟通变得异常快捷，但信息混杂的状况让很多信息无法被相关人员看到，耽误了不少事情。比如，教师发展中心发布的学术活动通知很快就会被大量一线求助信息淹没（维修类、电教类、保洁类、饮食类等），而年级活动照片的大量刷屏又很快顶掉了各类求助信息。多种需求与多种供应混杂在一起，无法及时对接，很多就落空了。于是，信息分流成为必然。于是，“七嘴八舌话教学”的学术群建立起来，专门分享教育教学科研类信息；学校企业号启用，用来发布学校各类通知通告；一分校教师微信群的主要功能就是对接师生需求与服务。但很快问题又出来了，求助信息来自不同年级的不同老师，提供服务的相关人员分散在不同部门的不同岗位，老师需要记住所有行政人员的名字和岗位，而行政人员则需要分别到群里查看谁需要自己的帮助。结果老师嫌麻烦，服务有漏洞，供需对接依旧没有得到很好解决。

为更好地服务师生，学校组织机构进一步简化，原总务处与办公室、信息中心合并成立校务处，全力保障教育教学这一核心工作的顺利运转。校务处负责人于海龙老师带领团队的金涛、张宇、时剑、王春萍、张秀英、张桂霞、陈国利、付妮艳、赵红兵、冀艳荣等老师苦苦研究的第一个问题就是“如何更加高品质地为师生服务”。于是，“报报熊”一站式服务平台诞生了。

又萌又憨的报报熊，出自我校籍小婷老师的设计，是一分校一站式服务平台的形象代言，扑面而来的靠谱感，让老师们备感踏实温暖。任何一线需求，都可以通过报报熊平台发出，平台有专人查看，回复老师“收到”的同时，快速将老师的需求对接给行政人员。行政人员的工作完成情况需及时反馈给平台，才能视作“已作为”。服务平台会进一步跟进教师方的反馈，客户满意度与行政人员的绩效考核挂钩。这样，老师再也不必为记住所有名字、职责而发愁，平台负责人员也很少遗漏求助信息，可以更高效地提供帮助。

报报熊平台很火，平均下来每天都有上百条求助信息，善于反思的校务处团队又敏锐地抓到了痛点。“求助量居高不下未必是好事，恰恰说明我们日常的服务工作没有做到位，总是被老师倒逼着查缺补漏。”于海龙保持着一贯的淡定表情，慢悠悠地说。这位个头一米八的校务处主任走起路来四平八稳，表情凝重的圆胖的脸上很难看出喜怒哀乐。以为他四十出头，没想到是个“80后”，知识面极广，说话办事特别靠谱，被大家一致认为是团队中“情绪饱满而稳定”的第一人。我“私自”断定，报报熊的设计灵感一定来自于海龙的憨厚形象——说话慢悠悠，行动却异常迅速。于是，校务会开始研究报报熊平台上的大数据，透过数据研究需求，将服务做在前面，所谓“先知先觉”。比如，数据显示，开学后的第一个月，4～6年级要求调高桌椅的需求很多。为什么呢？这个年龄段的孩子正处在“蹿高”期，一个假期就能长高很多，桌椅自然就变矮了。于是，校务处改变工作流程，开学第一天全面摸查各班桌椅调高需求，然后在一个晚上里全部解决。再比如，进入初夏、初冬的那两个星期里，空调维修的求助信息最多。为什么呢？中央空调冷暖切换，有关遥控器的问题大量涌现。于是，校务处的老师会提前一周调试所有遥控器，并检查所有空调的运转情况。

透过大数据研究问题背后的问题，预估排查，变被动应对为主动出击，大大减少了琐碎事务对老师教育教学的干扰。将服务前置，是“从管理走向服务”的又一次升级。

从管理事到服务人

2014 年 4 月 15 日

早上，我正在楼道里转悠，一位老教师面有愠色地拦住我：“校长，这事您得管管！”原来是班级前不久发下来的两支墩布不见了，学生用完放在厕所里，估计被别的班误拿了。老教师找总务处老师希望再领两支，结果被拒，理由是“每学期每班两支，丢失破损责任自负”。老教师红着脸回来，批评学生不负责任，学生委屈自辩：“就是放在厕所里晾晒一下，只能怪别班的同学没素质。”老教师两头受堵，憋了一肚子气。为什么两支墩布能把人搞得身心俱疲？

从学生的角度看，被戴上不负责任的帽子确实冤枉；从老教师的角度看，墩布丢了向总务处补领也无可厚非，班级值日总得做吧；从总务处老师的角度看，人家严格遵守资产管理使用规定，也没啥毛病。那问题到底出在哪里呢？

细究起来，不是人的问题，是学校行政部门的职能定位问题。当行政部门将“管理”一词简单理解为“按章办事”时，那眼里就只有事，没有人了。所有的人，也都和事一样，成了被管理的物件。什么是管理？管理是管理主体（国家、单位、组织等），有效组织并利用其各个要素（人、财、物、信息和时空），借助管理手段，完成该组织目标的过程。因此，我们需要首先追问总务处的工作目标是什么——是把墩布管理好吗？显然不是，墩布是为班级卫生服务的。舍本求末的做法，很容易弄丢工作目标，也会使这个岗位丧失应有的价值。因此，管理的核心，简单来说，就是服务。

一分校所有行政部门必须转变自己的职能定位，由管理事走向服务人，让权力和资源围绕“学生成长”聚焦。只有这样，才能让教育教学真正成为学校的核心工作，才能保证教师学生永远站在学校的中央，学习与成长的利益得到切实保证。

张宇老师，一位手勤、腿勤、脑勤的优秀办公室职员，通过不断研究服务工作本质，创新了很多思路和方法（见下文）。

一年来，我们行政部门的职能发生了根本改变——要为一线事业部门做好服务，在对师生的服务中体现部门存在的价值。

过去，我们在管理校车的时候是这样做的：

1. 办公室制定了《公车使用制度》，对什么情况可以用车做了明确说明，并且在学校公告栏进行了张贴。

2. 在门上挂一本按日期打印好的表格，用来登记老师们的用车需求；老师们谁用车谁就来登记。

然而，有了登记单，问题却频出。有一天出车的时候，两位老师就当场发生了摩擦：“凭什么就去她的地方，不去我的？”原来是两个人都填了用车登记单，发车的时间相同，上车时都急着去处理自己的事情，于是就产生了矛盾。

老师们有用车需求却用不上车！这种“一张纸的管理”还不如没有，老师“用车”和“是否用上车”产生了冲突。这正暴露了我们在管理上的漏洞：老师们的需求到底是什么？并不是用车，也不是填单子，而是真正“用上车”。该如何解决老师们最根本的“用上车”的需求呢？那就必须去协调、去服务。

于是，我们在学校的办公管理系统开发过程中，加入了车辆预约模块。这样一来，一是让老师们在电脑端就能实现车辆的登记、预约，而不是从各个教学楼跑到办公室门前来登记。二是方便管理员在后台调取数据，进行统筹规划——通过合理分配车辆满足老师们的出行需求。

通过后台处理，将每天的校车行程进行合理规划，能合并的合并，能交叉的交叉，能协商的协商，尽可能多地满足老师们使用校车的需求。从管理物到服务人的转变，让我们从单纯的管理者转变为贴心的服务者。这样做虽然工作量增加了，但通过自己的服务为老师们出行提供了便利，节约了他们的时间，让他们不再为外出用车的事牵扯精力了，我们提供的服务就是有价值的。

针对老师们不同的用车需求，我们在服务中还为老师们提供了更贴心的出行方案。比如，将学校的小车对有驾驶经验的教师开放使用、备用公交卡供短途老师借用、根据来自老师们的“金点子”提案添置了自行车、允许老师们外出时打出租车等。这些都是为了服务于教师的不同出行需求。

报销打车费这样的小事，弄不好也会成为浪费老师时间精力的大事，于是，有段时间我们反复研究如何让这件事不给老师添麻烦。

老师们外出打车回来后，完成报销流程非常烦琐，需要6步：整理、粘贴原始单据——填写报销单——负责人审批签字——预算系统填报——会计审核票据——予以报销。

报销难！怎么解决这个问题呢？首先，我们将交通费报销的审批权限下放到学部和部门主任，用来解决批准报销的第一步。然后，再由我来提供代理服务，帮忙处理。可即使是由我们行政部门收集大家的票据，再按流程去报销的话时间还是会很长。看似虽然减少了中间环节，可老师还是需要交票据、领现金往返两次才能完成。这又引发了我们的思考。在我们追求标准化管理、精细化操作、提高办事效率的时候，是不是只关注到了事情的高效落实，而忽略了给人带来的麻烦呢？

在保证符合财务制度要求的前提下，我们行政部门想到了一个“本末倒置”的办法——老师只要拿着签好字的凭证来找行政人员。行政人员就先用自己的钱给老师们垫付，然后自己再按流程要求，进行票据整理、凭证填写等工作，汇总后集中找会计报销。这样一来，老师们报销交通费就只有 1 个步骤了，就是找自己的学部或部门主任签字，这就解决了老师们报销难的问题。

这种从人的根本需求出发的流程再造，让老师们可以轻松、便捷地完成交通费的报销程序，解决了报销难的问题，节约了时间。

从张宇老师的工作描述中不难看出，制定流程和制度是为了标准化管理，而标准化管理最终要指向更好地服务人。行政部门，并不是管物、理事的管理者，而是教育教学的服务者，只有从人的需求出发，以人为本、再造流程，才能给老师们提供真正贴心的服务。

道歉日，让这个春天充满爱与宽容

2014年4月21日

合并校之前就订好的春游活动经过老师们的精心设计，升级为游学课程，将“游”与“学”进行了初步结合。4月17日，游学进展一切顺利，但第二天老师却把“状”告到了我这里。

一位老师怒气冲冲地把一袋子食物递给我：“校长您看看！带学生春游很辛苦，午饭还要吃这种冒牌垃圾食品。”春游的教师午餐是由学校总务处提供的。我拿起面包、饼干仔细看了一下包装，确实是伪劣商品。满腔怒火噌的一下蹿上来，强压下去后责令总务处查明情况，到底是哪个环节出了问题。总务处汇报情况如下：“德育处将午餐教师数报给总务处，提出午餐标准和类别，总务处致电学校午餐的供应公司，要求按时配送，然后由总务处分发给各年级教师。”

一位帮助调查情况的老师追问：“公司送货，总务处有验收吗？”总务处负责的人摇头：“当时急着给年级按时配送下去，忘了验收，还有，认为不会有问题，因为合作很长时间了。”

货到不验收，谁能保证这家公司每天给孩子送的午餐没有问题呢？表面看是流程不完善，实则是责任心出了问题，没有把师生的健康、安全放在最重要的位置上；认为送餐公司可信赖的理由是合作时间很长了，时间很长的原因既可以是基于诚信的合作，也可以是基于利益的姑息。一所学校，如果连谁的利益最重要都搞不清，是价值观混乱的最典型体现。

这件事爆发的正是时候。学校文化的风清气正是靠正确做事、做正确的事，慢慢积淀、孕育出来的。在事关师生利益的大是大非面前，需要拨开迷雾，亮明学校的原则、立场和价值追求。

犯了错误就要承担责任。化解信任危机首先要拿出真诚的态度。总务处几位同志很有反思意识，认识到这次工作失误造成的不良影响，希望通过向全校老师道歉的方式，获得谅解，赢得信任。

道歉信贴在了小学楼门口非常显眼的位置，一走一过就能看到，驻足的人不少。有干部提议，不能让大家的认识仅仅停留在总务处知错就改的层面，而要认识到“保障师生成长利益”，真诚相待、知错就改，勇于担责应该是我们一分校全体师生信奉并能恪守的价值准则。

4 月 21 日下午四点半，中学、小学干部联席会议集体研究决定，将发生该事件的“4 月 17 日”定为十一学校一分校的“道歉日”。

此后，每年三四月份，在春天最美的时候，学校、年级、班级、社团各个层面通过形式多样的课程载体，开展“道歉日”活动。一年级的小朋友在持续一个月左右的课程里，设计了充满诗意的“道歉日”活动，每个孩子到海棠树下收集凋落的花瓣，在科学课上自制香水送给妈妈，并通过一首小诗，或者一段话，就某件惹妈妈不开心的事情表达歉意，希望得到妈妈的谅解。三年级的小朋友通过写信的方式，向好朋友道歉。为了达到更好的效果，老师们精心制作了一个大邮筒放在走廊里，随时接收小朋友的信件。学生报名成为邮递员，为同学们送信。在今天的互联网时代，学生已经很难有机会体验书信往来所独有的那份翘首以盼。看到孩子们收信、拆信、读信时的满脸喜悦，老师们从内心里感到这样的课程真好。学校的学生中心为初中的孩子设计了一个巨大的心形留言板，并有各种颜色的便笺供学生选择。仔细阅读孩子们的留言，心中不断涌动温暖。“亲爱的刘爷爷，我一直不好好完成作业，你总是微笑着叮嘱我，明天不要忘带呀！对不起，刘老师，我不应该欺负您的善良与好脾气！”“阳哥，其实大家背地里都叫你名字，哈哈！我曾经很讨厌你，感觉你也很讨厌我。但今天我知道，您从未放弃过我，谢谢您，原谅我的粗鲁顶撞吧！”“道歉日”让我们的心灵深切感受到爱与宽容的力量。

一起事件，是骤然升级成校园危机，还是转化成育人课程，关键在于以什么样的视角看待，背后发挥作用的实际是学校的价值取舍。在一个以“育人”为最高使命的组织里，一切思考的出发点和落脚点，都是人的成长。如果我们能够把校园里发生的一切事情与人的成长结合起来，我们就不会偏离“初心”。通过一件一件事情的“做”，就可以让大家真实地“看见”我们的教育信仰。

决定学校命运的教代会

2014 年 4 月 22 日

下午 4 点，一分校首届教代会预备会召开。

将一所合并校快速改造成家门口的好学校，工程的巨大与艰辛可以想象。变革从哪里开始呢？虽然竭力为师生做了一些立竿见影的实事，终究只是在情感层面拉近了距离，真要大刀阔斧地改造学校，必须调动全体老师的力量，智慧众筹，风险共担。

建立一分校教代会民主决策制度，成为撬动学校变革的头等大事。

教代会筹备的第一个关键环节是推选教代会代表。如果代表的评选标准不明晰，教代会功能定位不准确，让老师误解教代会就是开开会，投投票，走走过场，那么大家就很容易把学校那些没事干的“闲人”推选出来。这样的教代会是无法代表全体教师行使民主决策使命的，学校的命运、教师的切身利益将很难得到保障。学校党总支经过反复研讨，制定出一分校首届教代会代表推选标准。

第一，有较强的教育教学及教科研能力，爱岗敬业，坚持教书（管理、服务）育人，岗位工作业绩显著，是学校各部门中的骨干力量。

第二，具有一定的民主管理学校的知识和参政议政能力，密切联系群众，能深入了解、如实反映教职工的意愿和要求。

第三，心态积极，遇事能从解决问题的角度思考和提出建议，不谋个人或小集团的利益，有公正心。

第四，能够认真履行代表职责，完成教代会交给的各项任务，执行教代会的决议，并能在教职工群众中做好教代会精神的宣传工作。

以上标准还要参考相关文件中规定的干部教师比例、性别结构、年龄结构等各方面因素，以确保代表的广泛性，各个部门、各个层面都能有代表发声。

按照流程各个部门民主推选出了39位首届教代会的代表，和文件中规定的推选标准吻合。但也有老师担忧，某些入选的老师个性较强、说话耿直，万一因过于计较而影响大局怎么办？我多少也担心出状况，但更愿意选择相信代表们的责任感，会保证民主决策的结果不会偏离学校发展的轨道。历时近两个月的教代会，因为讨论的议题很敏感，与教师切身利益高度相关，第一个月的四次分组讨论几乎是在质疑、辩论、争吵中进行的，个别代表甚至放狠话、拍桌子。有位干部非常紧张，提醒我应该关注一下，关键时刻可以运用校长权威进行干预。但我知道破坏民主机制万万干不得。一旦操控教代会，让代表们失去了畅所欲言的健康环境，这所学校的土壤就很难再孕育出真正的民主力量。我宽慰大家："争吵是好事，说明教师代表很认真，真拿学校的事当事。此外，不同的声音会让我们在决策时更谨慎。"我镇定了，大家也就释然了。

每次讨论结束，各组代表召集人都会将代表们的不同意见反馈给大会主席团，大会主席团委托各个议题的项目组对方案进行修改完善，经过四上四下的反复研讨，第二个月分组讨论的情况就大不一样了，争吵声没有了，更多的是商讨、解读，不断达成共识。最后一次分组讨论时，大家一见面就问："啥时候闭幕哇，真没什么可说的了。"2014年6月19日，全体代表在全体教职工的见证下，对包括薪酬分配、职称评定、绩效考核等高利害的七大文件进行投票。投票结果是，五个文件以100%的赞成票获得通过，另外两个获得了96.7%的赞成票。在关乎学校发展的十字路口，可爱的、有担当的老师们坐在了驾驶员的位置上，不但找准了方向，更稳稳地握住了前进的方向盘。我做了闭幕式讲话，感谢所有代表和全体老师的辛勤付出。当说到刚刚结束的幼升小工作时，我的一句“片区内的孩子百分之百回流，属于我们的孩子终于回到了这个校园”时，很多老师和我一起流下了眼泪。办一所受人尊敬的家门口的好学校，作为我们的战略目标，第一次正式提出。幼升小的全部回流，让老师们第一次品尝到“受人尊敬”的滋味。

教代会代表就要敢说话、敢较真，不同声音的碰撞才能够让我们在决策时变得更加谨慎，考虑得更周全，多方意见博弈后的结果，更能被大多数人接受。这样的民主决策是有价值的，也是负责任的。大家都是好好先生，才是真正危险的。

一分校首届教代会获得圆满成功，我想原因大致如下。

第一，有足够的时间让教职员工代表参与（教代会开了两个月）。

第二，教职员工代表参与的事项与他们自身的利益相关。

第三，教职员工代表有参与的能力。

第四，组织拥有支持教职员工参与的文化。这种文化体现在，允许有不同声音，鼓励大家充分发表意见，直到基本达成共识为止。

教代会，通过团队成员的广泛参与减弱了变革阻力。

附录：十一学校一分校首届教代会代表名单

陈群芳　吴　静　周敬一　霍京红　索　娜　朱月玲　李红丽　普　静

杨　红　李玉华　张丽丽　赵　颖　杨　静　孙玉芳　冯庆鑫　刘碧波

陈　军　张　克　葛　洋　兰平欣　祁红梅　姚京丽　李忠东　刘淑萍

王立勋　刘凤琴　王　群　王玉环　丁建红　杨青慧　张红云　吴大军

王　彬　高振香　刘艳萍　于海龙　杨金才　隋子英　张　宇

在抱怨中寻求改变

2014 年 5 月 8 日

今天，中学、小学的教学干部都问了同样的问题：按照学校以往惯例，期末前要向老师催要大量材料，比如，总结呀、论文哪、反思呀，等等；这件事是接着做，还是取消，如果接着做，现在就得部署下去。

我说："你们去问问老师吧？"

结果，老师们一片抱怨声，都说这些是既浪费时间又没有多少价值的任务。我问干部们："这些东西交上来后，你们是怎么处理的？"干部们说："我们也就是翻翻、看看；大家期末忙，多是应付，很难发现有质量的东西。"

"那为什么还要做呢？"

"一直都是这样啊，例行工作。"

"存在未必合理。这样吧，你们列一个清单，再去征求一下老师的意见，看看哪些是必须上交的，哪些是可以取消的。"我说。

很快，中学、小学的干部分别列出了期末需要上交的材料清单，并把老师们商讨后认为没什么价值的项目全打了叉，结果清单上真正需要交的材料所剩无几：小学只留下了第 5 和第 9 项，中学只留下了第 5 和第 8 项。

小学期末要求上交材料清单

1. 单元试卷分析。
2. 听课笔记本。
3. 教研组活动记录。
4. 备课笔记。
5. 班级期末试卷分析。
6. 组长本年级本学科试卷总体分析。
7. 组长教研组工作总结。
8. 抽调试卷班级的试卷及其分析。
9. 学科成绩册（入学生档案）。
10. 考勤簿。
11. 以组为单位上报本学期承担公开课、获奖等情况的统计。
12. 学习笔记本。
13. 班主任总结。
14. 班主任论文、案例。
15. 语文、数学、英语作业本。

中学期末要求上交材料清单

1. 教案。

45 岁以下教师手写，高级或 45 岁以上教师可上交电子版。

2. 进修记录。

按进修学校或相关部门组织活动次数统计，教研组长自查，教学处检查。

3. 备课组活动记录。

固定时间，至少隔周一次，教研组长自查，教学处检查。

4. 教研组活动记录。

固定时间，按教研组长会次数（8 次）统计，教研组长自查，教学处检查。

5. 试卷分析。

期末考试结束后上交，教学处检查。

6. 听评课记录。

每学期教研组长不少于 15 节（以本组课为主）；普通教师听课 10 ～ 15 节且应有评课与感悟。教研组长自查，教学处检查。

7. 学生作业。

每班上交 3 名学生所有作业（含中考科目各类作业和非中考科目练习册），教学处抽查。

8. 学科成绩册（入学生档案袋）。

干部们不禁感叹，原来我们做了这么多让老师反感又没有价值的事情，怎么之前就没觉得有问题呢？但接着又担心，如果不收班主任论文、教学案例，科研成果靠什么“逼”出来呢？对呀，怎么“逼”出来？这就需要我们在实践中不断创新工作方法，建立更符合人性的学术机制。

大家连呼“惯性思维害死人”！我说：“不是惯性思维的问题，是因为没有分清目的还是手段。”仅仅把收取这些材料看成目的，完成工作好交差，那就会屏蔽老师们的真实想法，甚至会使用绩效考评这类事关利益的手段逼迫老师们就范。其实，收取这些材料，无外乎是想端正老师们的工作态度、催生科研成果。但因为将手段当成了目的，且手段也是错误的，那就难怪离真正想要的目标越来越远了。

自从全校大会取消后，传统的上传下达的主渠道断了，干部们总觉得空落落的没有工作抓手。我半开玩笑地告诉他们：“那就转移你们的阵地，走到人民群众的汪洋大海里去。”只有走到老师、学生中间，倾听他们的想法甚至抱怨，关注他们的真实诉求，我们所做的工作才能有的放矢，才能真正为一线师生服务。

体育老师抱怨孩子们不爱上操，拖拖拉拉十分钟都来不齐！学校就鼓励相关老师成立项目组，研究如何让孩子们爱上课间操。六年级老师反映，改为“九年一贯制”后，本校小学毕业生直升我校初中，一下子没了学习压力，有些孩子开始松懈，学习怎么办？成立项目组，研究中小衔接的课程设置，通过系统的职业规划激发六年级学生持续学习的动力。孩子们不断询问，什么时候可以吃上学校食堂做的饭菜？同样是成立项目组，研究学校食堂分段供应午餐方案。

就这样，我们不断从师生的抱怨中、诉求中、建议中寻找改变的力量。哪怕每天改变一点点，都能让大家看到学校的希望，建立对一分校的信赖和信心。

“评职称，怎么也该轮到我了吧？”

2014年5月9日

很多校长都遇到过这样的状况，每年评职称的时候总会有那么一两位老师走进办公室，要求给予照顾。我也不例外，今天，就遇到了。一位老师很诚恳地开门见山：“校长，今年评职称，怎么也该轮到我了吧？”我笑笑回答：“如果这事我说了算，那排队的就不止您一个人啦。”这位老师也笑起来，向我要了一本书，走了。我很幸运，遇到这样深明大义、一点就透的老师，没有继续为难我，主动破解了这种尴尬。

面对走进办公室想徇私的老师，我们不能简单责怪其觉悟低，而要想一想她为什么认定“这事校长说了算”。把好人放进坏的制度里，好人也会变成坏人。所以，问题不在教师身上，而在学校是否建立了好制度。当然，有了制度也未必就能解决问题，还需要学校领导层带头遵守制度，把权力关进笼子里，好的制度才能真正发挥好的作用，建立起学校良性运行的机制，以保障每位教职工的切身利益。

更为关键的一个问题是，制度由谁来制定。学校必须坚持教代会讨论、审定学校重大方针政策的民主决策机制，关系到学校发展和教职工权益的重大问题，必须经过教代会审议。学校制度作为学校的基本运行规则，让每个人自觉自愿遵守的前提是契约精神——大家共同制定，共同遵守，任何人没有权力擅自篡改，更没有权力凌驾于制度之上。

基于这样的思考，十一学校一分校首届教代会历时两个月，反复商讨后达成共识，高票审议通过“七大文件”。文件落地，学校运行就有了基本法，相互咬合的各项机制在学校制度的保障下先后安全落地。学校组织结构调整是撬动学校系统变革的第一环，学校应通过取消金字塔式的传统学校架构，减少中间层级，实行扁平化的管理模式，以确立一线教育教学的核心地位。不撬动这一环，接下来的课程变革、教学变革是很难通过智慧众筹、自下而上的方式实现的。

原中学、小学两套班子合并为一套人马后，按照“九年一贯”的贯通教育进行各部门设置。一线的各个年级实行学部管理。我们称学部为事业部门，原中学和小学的教学干部、德育干部绝大部分成为学部主任，直接主管所在学部的教育、教学、科研，拥有一定的人事聘任权和财务支配权。学生问题、家校关系问题也由各学部自行解决。如果需要学校层面力量的介入，学校教导处会积极配合。合并重组后的教导处、校务处是学校的两大行政部门，全心全意为一线师生做好服务工作。课程研究中心与教师发展中心作为两大学术部门，在行政力量弱化的扁平化管理架构下，最大限度地拓展学术力量生长的空间，通过一系列面向教师个体的学术活动，引领老师专业发展。

组织结构调整完成了部门重组，各个部门由什么人组成，则需要通过双向聘任制实现人力资源的最佳配置。激活教职工工作的积极性，让合适的人做适合的事，是双向聘任的根本目的。新的薪酬分配办法鼓励按劳分配、绩优酬高、薪随岗变，成为激发教师创造性的有力杠杆；分布式领导在学校管理中是一种新尝试，当每个学部相对独立进行教育、教学、科研、管理的运转时，每个老师都需要担当起相应的职责，尤其是实施选课走班的初中年级，每位老师都需要完成新的教学组织形式下的角色转换——既是孩子们的成长导师，也是某项年级工作的负责人，教书育人成为密不可分的整体，不育人就无法教书，全员育人的时代真实到来。

作为“七大文件”之一的《北京十一学校一分校教师职称推荐办法》彻底将校长从“每年春天评职称的尴尬”中解放出来，再也没有人走进我的办公室讨说法了。大家全部和文件中的条件较劲，和自己是否符合条件较劲。而这些条件的制定原则，与学校的发展目标以及对教师的成长要求在方向上是一致的，在精神上是相互呼应的。这样一来，教师自我要求进步的内动力无形中就会被大大激发，教师的进步势必带来学校的发展。每次职称评定工作结束后，负责人力资源的何平、李昂、肖玉雯三位老师总会兴奋地告诉我：“简直完美，没有争的，也没有闹的，胜利收官！”

当校长的何尝不开心呢？不被杂七杂八的、通过制度可以解决的事缠身，教育生活就会变得很纯粹，可以把时间、精力花在研究老师的发展、孩子的成长上。

所以说，学校不能只是单方面地要求老师进步，因为老师的职业状态除了受一定的个人因素影响外，也是学校管理各要素综合作用的结果。其中，学校是否拥有激励教师不断自我更新的机制非常关键。比如说，职称评定这件事如果处理不好，就会破坏学校的制度与文化，伤害老师的情感，失去老师的信任。在一个缺失公平与信任的组织里，人们是很难自觉自愿萌发进取心，为组织发展奉献智慧与力量的。

良好的机制下，全体教师会在实践中共同创造出优良的学校文化，随着学校的发展、教师的成长，文化的引领力量就会越来越凸显，以化解制度解决不了的问题。

推倒的是墙，凝聚的是人心

2014 年 6 月 27 日

下午 4 点半，已经放学的校园静悄悄的。那堵墙 —— 将两所学校隔开整整 38 年的高墙，依旧默默横亘在原地，似乎还没预感到即将被改写的命运。一辆大型推土机慢慢靠近，缓缓抬起大手臂，咚的一声巨响，一段墙壁轰然倒塌，硕大的缺口露出对面碧蓝的天空，两院瞬间“合同为一家”了。有老师掏出手机拍下这历史性的一刻。于海龙老师在朋友圈中写下了这样一段话：“三十年弹指一挥间，分是为了发展，合也是为了发展。历史的轮回，也是历史的必然。认清明天的去向，不忘昨日的来处。”

一分校的成立，让招生片区里的老百姓兴奋不已。如果家门口有一所好学校，谁还会舍近求远去择校呢？同时，高期待之下是深深的疑虑：“不会只是换汤不换药吧？”名校挂牌徒有其名的事儿屡见不鲜，十一学校是否能够真正给一分校带来改变，还需要时间检验。为了打消家长的疑虑，一分校必须快速拿出实际行动，给所有人信心，包括教委领导和我们的师生。2014 年暑期改造工程就是一剂打消所有人疑虑的强心针。

在暑假不到两个月的时间里，一分校完成了近一万平方米的校园改造工程，全力打造出 100 多间学科教室。9 月 1 日开学那天，教室窗明几净，相关设备设施进入教室，连学生暑期期间的作业作品也都被张贴或悬挂起来 —— 一片生机盎然。但有谁知道，这欣欣向荣的背后，是多少人多少个不眠之夜呀！

如果有人问我，老师们是什么时候开始真正走到一起，从心里接受“十一学校一分校”这个新“番号”的，我敢断定，就是始于暑期改造工程胜利完成时。这一具有攻坚战性质的标志性事件，除了坚定了大家对十一学校办教育的强大信心外，更加快了全校教师的组织身份认同：十一学校一分校不再是一个行政力量催生的名字，而是全体教职员工日夜奋战、与时间赛跑、与困难抗争的心血结晶——这是大家共同创生的一分校。

在校园改造的过程中，除了日夜不停的基建工程，其他方面的工作也在争分夺秒推进。课程中心带领一线教师进行了为期半个月的封闭研发，所有校本课程均需拿出课程指南、学生读本、课程评价方案，集中研发后又断断续续地修改、完善，直到开学前一周，才完成。各个学科组也围绕新的课程设置和教学组织形式的变化，对课程实施的各个细节反复研讨。教导处、总务处、党政办公室等行政部门，一方面围绕新的组织架构调整，带领全体职员深入培训“从管理走向服务”的职能定位、角色分工、工作流程梳理，另一方面紧锣密鼓地分头介入校园改造工程。教导处负责所有学科教室的功能分区设计和教学设备的需求统计，总务处负责全面推进基建工程，并根据教导处统计上来的教室资源配备需求，分头组织教师项目组招标采买。党政办公室负责教师封闭研发时的全部后勤保障工作。特别令我感动的是，离开学还有三天的时候，全体老师自发全部返校，拿着各种开荒工具，进行大扫除。不论是年过半百的老教师，还是刚刚入职的大学生，没有一个人喊苦喊累，没有一个人发牢骚、抱怨。一向注重自我形象、风姿绰约、举止优雅、言语麻辣的副校长赵颖，扔掉裙装换上工装，整天扎在一间间需要开荒的教室里，指挥保洁工人、搬运工人将所有资源归置到位，嗓子哑了，腿跑肿了，全然不顾，满心满眼与时间赛跑。昔日美丽如花的女教师们，踩着两只沾满泥水的运动鞋，奔走如风，还时不时拍下造型搞笑的团队照。什么是“革命乐观主义精神”，什么样的集体文化可以孕育这种精神，一分校全体老师用实际行动给出了答案。

9月1日凌晨三点，我和部分干部还未离开正在进行工程收尾的校园。站在工地上和我们并肩作战的还有两个人，一位是李希贵校长，一位是张之俊书记。难以想象，如果没有他们二位在身后给予我、给予一分校强有力的支撑，我们能否熬过这场攻坚战。清晨四点钟，小雨越下越大，渐渐变成中雨，而校园里那条通往校门口的主路依旧没有铺完。铺路是最怕下雨的。我的脑子因为连续缺乏睡眠已经麻掉，思考几乎停止，唯有满腔的焦虑，夹杂着沉重的悲怆，一个劲儿向上涌，眼泪混杂着雨水不停地流。后来，很多老师都告诉我，那个清晨，他们都早早醒来，站在楼上眺望还在铺路施工的校园（老师们大多住在学校附近的部队大院里），心里默默祈祷："一定要顺利开学呀！"

清晨五点，雨，竟然奇迹般地停了，天空开始放亮，铺路的机器又开始运转。所有人精神为之一振，满血复活。准备开学典礼的老师开始搬动道具，保卫处的同志再次巡视查看有无校园安全隐患，总务处、教导处、电教中心的成员走进每一间教室，查看设备设施的到位情况。所有任课教师早早来到学校，穿上每人一件的特制"开学T恤"，准备迎接孩子们的到来。

八点钟，孩子们在家长的目送下，踏着宽阔崭新的柏油路，陆续走进校园，看到拔地而起的教学楼，焕然一新的教室，惊呼声和赞叹声此起彼伏。

当老师们喜笑颜开迎向学生的那一刻，我的眼泪再次涌出。

下午两点，教育部原部长袁贵仁同志，在相关领导陪同下，走进一分校看望师生，并送来新学期的祝愿。大家纷纷用"翻天覆地"一词形容一分校的变化。晚上，中央电视台的《新闻联播》播放了一分校的开学情景。广大师生、家长备受鼓舞。我们的努力，我们的改变，赢得的不仅仅是信心，还有尊重。

迟迟没有换下的校牌

2014 年 9 月 1 日

今天，是新学期开学第一天，很多师生走进校门的时候都惊喜地发现，教学楼上方已经矗立起了崭新的一分校校牌。

其实，两校合并后的第二个月，就先后有几位老师私下里建议，把原来的校牌摘掉，换上十一学校一分校的名字。我问："这事有那么急吗？"老师说："家长们急呀，已经是十一学校的分校了，怎么还挂着原来的校牌？"

家长们着急可以理解，谁不希望自己的孩子就读名校哇！可挂上新牌子，就是名校了吗？仅仅掂量了几分钟，我就把这事儿抛到脑后去了。

一天，参加某个校外活动，碰到另外一所合并学校的朋友，他问我："为什么还不换校牌，犹豫什么呢？"我说："没犹豫什么，就是没着急。"他说："我们合并学校的第二天，就举行了隆重的换校牌仪式！""老师们什么反应？"我问。"什么反应都有，大多数都还没缓过神来。但不管怎样，都得正视这个事实。"他回答。

"正视等于接受吗？"我不断问自己这个问题。一所刚刚合并而成的学校，想赢得全体老师、学生、家长发自内心的认同，急火火地换一个校牌是无济于事的。

那段时间我每天都会翻看《新领导上任 100 天》，对书中那句"切忌把所有期望视为必须立即完成的任务，以防掉入虚假期望的陷阱，忽略了最重要的事情和最真实的声音”，我反复琢磨。对刚刚上任的新领导，大家自然报以较高的期待，人们也会积极地出谋划策，提出一些振奋人心的想法和建议。有时候，新领导往往雷厉风行地通过“三把火”来彰显自己的魄力与能力。但缺乏系统思考和科学分析的决策，很容易事与愿违。这个时候，“快”就是慢。我不断告诫自己一定要处理好“快”和“慢”的关系。

两所学校合并，由第三所学校来承办，三支队伍、三种文化，一夜之间迫于外部力量断然会师，老师心里会有多么慌张、焦虑和无措？在这个校园里安身立命十几年甚至几十年的老师，情感上面临着多么大的拷问和撞击？老师们需要一个心理缓冲期。应该通过办点不伤筋动骨的实事，初步消除陌生感，真正牵扯教师切身利益的大事，需要有条不紊地陆续开展。其中，首届教代会的召开是重中之重。

首届教代会的筹备包括7大文件起草项目组，数十名教师参与，此外，招生项目组、暑期改造工程项目组、教师招聘工作项目组、1～9年级课程架构项目组等，几乎将全校教师卷入民主筹划学校未来的浪潮中。一忙起来，也就没人再想着换校牌的事了。

我反而开始琢磨换校牌的时机——怎样做更恰当、更得体、更稳妥。换校牌，不是所谓的改弦更张，更不是“广而告之”所谓名校的诞生，表面文章做多了，有害无益。旧校牌的摘下，新校牌的悬挂，未必需要仪式，但需要意义。其真正的意义是什么呢？应该是让全体老师在心中承认“这是我们的学校，是我们自己创造的一所新学校”。

于是，伴随着其他项目的推进，“新校门设计项目组”也顺势成立。这个项目组吸纳了中学、小学的师生共三十余人，充分研究原两所学校和十一学校的历史，提取三所学校的优良文化基因，将其融入一分校新校门的设计理念中，要既有继承又要有发展。

8月31日，暑期改造工程胜利结束，100多间教室在全体老师的精心布置下，以崭新面貌等待孩子们到来。9月1日，新学期开学的第一天，迎着东方微露的霞光，“北京十一学校一分校”的大红校牌悄然矗立在“行方楼”上空，与崭新的校门遥相呼应。依然没有什么仪式，保持着学校合并以来我们一贯的“做胜于说”的风格。但老师看到了，孩子看到了，家长也看到了。每个人走进学校大门时，都仰头望向那红红的校牌，很多人还会念出来——“北京十一学校一分校”，点点头，满意地微笑着走过。这样的心理认同，这样的情感亲近，是在历时160天的校园改变中建立起来的，实实在在，真真切切，水到渠成。

附录　首届教代会“七大文件”起草项目组教师名单

“教职工职级聘任基础条件”项目组：丁建红　黑月芝　于　雷　张志敏　陈群芳　张丽丽

“人事聘任及教职工职级管理办法”项目组：刘凤琴　周敬一　何　平　王玉环　李红丽　赵文静　沈　娟

“教职工职称晋升推荐办法”项目组：姚京丽　阮冬梅　王　群　席桂杰　李敬玫　徐桂芝　刘碧波

“教职工薪酬分配办法”项目组：王玉环　普　静　丁建红　何　平　高凌英　杨　静　冯庆鑫

“教职工学术积分管理办法”项目组：吴大军　刘玲玲　赵　芬　刘淑萍　李　燕　李玉华　蔡昱如

“教职工功勋积分管理办法”项目组：王立勋　顾　珊　张爱兵　宋新颖　孙向荣　索　娜　孙玉芳

“初三年级教师教育教学绩效评价”项目组：杨青慧　张文顺　张梦婷　梁乐泉　李竹桃

流程改变，结果就会改变

2015 年 12 月 22 日

今天向工会询问了一下 2015 年全校教职员提交的“金点子”数量，结果竟比 2014 年下降了一半有余。究竟是“无话可说”还是“有话不好说”，值得注意和研究。

学校工会从 2014 年 5 月份开始举办“金点子”征集活动，希望通过这个渠道调动全体教职工参与学校的管理。第一年共计收到金点子提案 154 条。面对 2015 年金点子数量大幅度减少的现象，工会召集工会小组长会议，分析问题，查找原因。部分原因是有些“金点子”虽然被采纳了，但没有落实到位，这在一定程度上挫伤了老师们的积极性。于是，大家决定在原有的流程中加入“巡查、公示”两个环节。有了监督，各部门落实“金点子”的力度大大提升，老师们也恢复了参与热情。

学校教育、教学、管理的日常工作，既需要不断创新，也需要标准化和规范化。但标准化和规范化，不是本本主义，机械、教条的管理永远都是组织生命的大敌。这里所说的标准化，就是细化工作常规，对已有经验进行标准化管理，以便在工作中有章可循，有据可依，明确责任，从而有效地减少工作上的失误，确保各项工作及时、准确、快速、高效地完成。对一线课堂教学来说，就是细化各学科课程标准，逐步形成师生共享、教学可依的有效工具。

工作标准化，很重要的一个标志就是制定工作流程图。从开始到结束，每一步流程都会标明工作内容、负责部门、具体负责人、时间节点，其中，需要各部门交叉协作的工作要在流程图中重点标明。有了流程图，好似行车有导航仪，生手也能很快找到方向，到达目标。但在实际工作中，往往没有什么是不变的，也许今天还有效的流程图，明天就会成为推进该工作的阻碍。因此，所谓的标准化，并不是固守不变，而是要根据实际情况随时研究更加高效、实用、有利于问题解决的工作流程。

一分校刚成立时，图书购买是一项庞大的工程。学校每一间学科教室都需要配备与课程相适应的图书，刚刚建成的1600平方米的图书馆，也急需大量图书。根据“购买什么图书由一线师生决定”的原则，学校将图书购买的任务下放给了一线教师。具体流程如下：各学科研讨，确定购买书单——上报课程中心审批——审核通过，学科自行购买（未通过者重新研讨）——学科教师购书后持清单和发票找学科主任、课程中心负责人签字——对接图书馆老师清点书目上架——财务报销。本以为这样的流程将使用者与采购者直接对接，可以高效完成购书过程。推行的结果却是，拖拖拉拉半学期，审批通过的书目也没有买齐；拖拖拉拉一学期，报销这一环节也没走完，一线教师被这事儿拖得心烦意乱。课程中心研究半天，发现“痛”在流程出了问题。改造后的流程如下：各学科研讨，确定购买书单——上报课程中心审批——通过者纳入学校购买计划（未通过者重新研讨）——课程中心牵头组织招标购买——课程中心职员持购书清单和发票找学科主任确认验货、签字——对接图书馆老师清点书目上架——找课程中心负责人签字——财务报销。流程从第三个环节开始发生改变，一线教师只提供需求，接下来的所有环节由课程中心负责协调完成。这样既尊重了一线需要，高效实现了供需对接，又将一线教师从后续流程中解放出来，使他们可以专注于教育教学。

游学课程的工作流程也经历过一次再造。起初，因为担心一线教师太忙无暇参与，也希望由学校统一掌控课程质量，学校决定游学路线由课程中心统一规划，并由课程中心统一组织招标，再把路线和中标的公司分配给各年级。结果年级与公司在课程对接上缺乏前期沟通，课程设计磨合不足，供需不对等，课程实施的师生满意度并不理想。发现问题后，课程中心调整流程。调整后，由各年级制定游学课程目标、路线和初步的课程实施规划，然后由年级组织教师、学生、家长代表进行游学公司招标，课程中心派代表参加；然后年级与中标公司充分对接，制定更为详细的游学手册，最后上报课程中心审核，通过后即可着手具体实施。这样的游学课程，与一线课程意志紧密对接，又有课程中心宏观调控、指导，此后师生对课程实施的满意度大幅提升。

在日常工作中，我们要有意识地梳理并改造流程。流程变了，结果才会改变；流程好了，结果才会理想。当工作出现问题或迷茫时，应考虑详细甚至有点“傻”地画出流程图，当然，同时也应力求将工作流程和管理环节简洁化。

校长的三重角色

2016 年 10 月 28 日

下午四点半，我办公室隔壁的会议室里传来阵阵笑声，从时不时匆匆来、匆匆去的脚步声中可以断定，至少有多个团队在顺次开展活动。再看一分校的学术群“七嘴八舌话教学”，里面已经晒出了很多老师参加活动的照片，不同团队在不同的地点，聚焦各自关注的问题研讨得不亦乐乎。我突然涌起立刻加入的冲动，于是推开隔壁会议室的门，问：“需要我加入吗？”结果几个老师笑嘻嘻地连连摆手：“不需要，不需要，校长您去忙吧。”他们在搞项目研究的立项仪式。我只好自我解嘲：“你们也没人邀请一下校长，太不像话！”大家笑得更欢了。被礼貌地拒绝后，我只好回到办公室里继续看书。这就是扁平化管理的结果。校长被“架空”，而每个团队却围绕核心工作照常运转。所以，问题就来了：校长在学校里到底是做什么的？

校长是课程首席架构师。做校长，比较忌讳的是整天对老师的学科教学指手画脚，好像走进谁的课堂都能指点迷津、挥斥方遒，结果让一线的老师无所适从。课堂教学一定要尊重一线老师的创造，他们是真正的教学专家。校长要做什么呢？重中之重，要认识到课程的重要价值。课程是学校最核心的产品，是直接指向培养目标的。所以，校长首先要引领团队一起思考清楚，这样一所九年一贯制的学校，要提供什么样的课程，才能够给孩子一个完整的终身受益的教育。课程的整体构架在前，然后才是课程实施。课堂教学作为课程实施的主渠道，是在学校办学价值观和课程理念之下，围绕学校的培养目标而进行的教育教学实践行为。因此，校长需要洞察（起码要了解）全球的教育发展趋势，研究未来社会所需人才的核心素养，能站在教育前沿思考学校课程的发展方向，连接、整合教育教学资源进入课程，来满足孩子们的个性化成长需求。课程整体架构虽然是校长必须带头做的事情，但不意味着个人擅自炮制，它必须建立在群策群力、智慧众筹的基础之上。因为，只有一线教师认可的变革，才具有可行性和持续发展的生命力。

校长是团队首席教练。如果校长室外面总有排队等候请示的人；如果校长不在，各部门的工作就懈怠不前；如果各个学科组的日常集体教研还需要监督检查；如果学校推进任何一个学术行为都要靠开全体大会，那校长就干得太累了，自己不开心，老师也不高兴。问题出在哪？可能还是需要校长内归因一下。校长要做团队的首席教练，将追随者培养成领导者。怎样当教练呢？管理学中“猴子理论”很形象地阐述了这个奥秘。比如，当校长引领团队将课程方向基本搞清楚后，校长就得退后一步，勇于放权。一年级的课程怎么做，六年级的课程怎么做，其他年级的怎么做，最有发言权的就是一线教师。但因为习惯的影响，老师们会等着领导发号施令。这时，校长就得克服表达的欲望，而是要问老师们：“你们想怎么办？”球被踢到了老师脚下，老师就得自己去学着踢，并且要想方设法把球踢好。当九个年级的老师以及各个行政部门都能把自己脚上的球踢好时，各个团队的自运转就起来了，校长也就不必事必躬亲冲锋陷阵了，而是站在队伍中间，关照跑在前面的和跟在后面的。

校长是师生首席服务官。彼得·德鲁克认为，一个组织存在的最大价值就是为外部做出贡献。对学校来说，其存在的最大价值就是为孩子们提供好的教育，同时让每一位教师成长。因此，在一分校，校务处、教导处将“快速响应一线师生的需求，由管理走向服务”作为部门的首要职能，也是全体成员的工作宗旨。

老师们如果能够感受到来自学校的全方位支撑，就会更有动力向前走。比如，有一次寒假期间，学校封闭进行课程研发，邸泽民、孙闯、王萌等几位科学课老师提出更换几台电脑，以更好地兼容编辑电子书的软件，学校电教中心立刻速配到位；籍小婷、于海宁等老师提出要进行 VR 教学的探索，需要一些设备支撑并成立工作室，学校课程中心立刻响应，相关需要全部得到满足。学校处处为老师着想，老师才能更好地为孩子们着想。在一定意义上来说，领导力最核心的部分就是服务力。所以，一分校的干部们，会经常走到老师中间嘘寒问暖，倾听他们的困难和需求，甚至是问题和抱怨，并及时提供帮助。在这样的职能转换下，校长就得带头做好服务工作。只要服务到位，不人为制造管理的麻烦，减少行政力量对老师专业化成长的阻碍，老师的状态就会更加昂扬向上。

每个人都能够自我驱动，成为有自觉意识的创造主体，这就是扁平化管理模式下治理主体多元化带来的显著特点。在一分校，不挥舞权杖的、去中心化的组织运营态势已经初步形成。

要重视一个一个的短期胜利

2017 年 3 月 10 日

今天下午来校参访的河北省校长团又问到了这个问题：“你们老师怎么跟打了鸡血一样，一说起学校、课程、学生，就滔滔不绝，激情四射？”

仅仅用“价值观的力量”来回答，难免有些矫情，因为脱离扎扎实实、接地气的实践，任何东西只能是三分钟热度。一分校教师群体这种由内而外散发出来的热度与激情，除了价值观的引领，更重要的是，他们踏出的每一步、取得的每一点成绩，都能够被看见，每个人都能切实感受到“我的努力正在改变学校”。詹姆斯·M. 库泽斯在《领导力：如何在组织中成就卓越》中有这样一段话：“你要怎样让人们向着新的方向前进，打破旧思想，改变已有的行为模式，克服困难去争取更大的胜利？答案是：一步一步打小胜仗。最有效的变革方法是循序渐进，而不是迈出一大步。向前迈出每一步都要在人们心中产生一种‘胜利’的感觉，以激励人们继续前进。这种‘胜利’的感觉会产生激情与能量，让人们投身其中。”对此我深以为然。

建校伊始，2014 年春天，我们在首届教代会上明确了面向未来六年的战略目标——“建设一所受人尊敬的家门口的好学校”，在 2016 年春天的教代会上，我们将其正式写进了一分校的《行动纲要》。四年来的实践证明，我们正在逐步逼近目标。《行动纲要》中明确提出了一分校的发展愿景：“将一分校学生培养成有智识、敢担当的生命个体，将一分校建设成为充满爱、可信赖的生命摇篮。这个，是需要全体教师努力一生的事业。”

六年也好，一生也罢，面对眼前具体的一天，是漫长而遥远的。如何将宏伟愿景分解成一个个具体、清晰、可短期实现的目标，并且能够时不时地庆祝一下短期胜利，这对鼓舞人心、激发动力是极为必要的。

有研究证明，规模较小的公司或者部门，第一个成果需要在半年内出现，否则就会令大部分人怀疑甚至失望。一分校在建校的短短半年内，至少出现了三项鼓舞人心的成果。一是片区幼升小生源百分之百回流。看到一批批活泼可爱的孩子终于回到了这所本属于他们的学校，很多老师和我一样，流下了激动的泪水。二是校园暑期改造工程胜利完工。用一个暑假的时间，完成了一百多间教室的改造，堪称伟大。至此，一分校全体老师完成了对一分校的组织身份认同。三是 9 月 1 日开学后，新课程全面铺开。跨学科主题课程、选课走班等这些似乎昨天还停留在概念中的名词，今天就变成了活生生的现实。

这样的阶段性胜利实实在在摆在那儿，有目共睹。学校办公室还通过北京市海淀区宣传科，先后与北京电视台、中央电视台等媒体对接，及时报道学校的快速改变，并努力让师生成为镜头下的主角。深藏在小胡同里的这所学校，已经被社会媒体遗忘多年，如今接二连三地在电视新闻中出现，确实让老师们感到振奋，为自己的学校感到骄傲。并校后的第一个教师节时，工会精心设计庆祝环节，自制贺卡、互赠鲜花、找朋友、寻亮点等仪式感十足的庆祝方式，让老师们深深体会到学校发展带给个人的精神福利。

在接下来的日子里，每隔一段时间，我们都会创设一个庆祝短期胜利的机会，或者是新教师欢迎仪式，或者是新年联欢会，或者是一分校生日，或者是面向全国的教育年会，等等，将庆祝与展望、规划与验收等多重目标整合到一起。同时，学校会将媒体关注的焦点不断引向我们的老师和学生，让每个人都成为重要人物。总之，一定要让老师们不断增强这样的认识：身在这样卓越的组织里，我自豪。

但不是所有成果都可以作为短期胜利来庆祝的。比如，研发出一个课程模块，绿化一下学校环境，举办一次家庭教育讲座，等等。太小的成果和努力一点就能实现的成果没有多大意义。

“一个好的短期胜利”至少有三个特点。

第一，可见性。大家可以亲眼看到，这是真实的成果，不是夸大的宣传。第二，明确性。这一成果应该没有争议。第三，和变革的最终目标密切相关。

每个短期目标都是基于学校战略和发展愿景而规划、实施的。实现短期目标并以适当的方式庆祝，除了能鼓舞士气，让大家坚信付出总会有回报外，也会让少数观望者“路转粉”，成为参与者。

建立安全的工作纠错机制

2017 年 4 月 20

下午转校园时，我恰好路过攀岩墙，冰冷冷的墙壁被一圈铁丝网拦着，没有使用的迹象。拨通相关老师的电话，询问这学期开了几节攀岩课，得到的答复是“没开设”。追问为何没开，对方支支吾吾说不清楚。又拨通主管干部的电话，答复的理由听起来很牵强：第二学期摸底选课时，发现选攀岩课的人较少，为此外聘一位教师成本过大，就在正式选课时关闭了这门课程。

去年，为进一步丰富体育模块，增加学生的选择性，我们将一座教学楼的东墙改造成攀岩墙。从改造的第一天开始，就有学生扒着安全护栏关注工程进度，看见我就问：“这攀岩课什么时候可以开呀？”可见，这门课程对学生很有吸引力。

攀岩墙在学生的期盼中投入使用。一直听说选课很火爆，每天都有不同年级的学生上课，很多没有选上课程的孩子也都巴望着新一轮选课机会的到来。怎么这学期竟然将课程关闭了？

干部回答的理由令我陷入反思。为何学生如此期盼的课程很快乏人问津？为何没有人研究一下人数减少的真正原因？为何没有人想办法救活这门课程？为何关闭一门课程如此随意，甚至没有经过学校课程中心的集体研究？为何师资成本的高低会左右一门课程是否值得开设？一连串的问号让我冒了一身冷汗。这是我的失职，没有帮助团队建立起工作纠错机制。

任何一门课程的落地，从规划、设计、实施到评价是一个完整的实践链条，需要自始至终伴随一个过程管理的保障机制——诊断与纠错。诊断是为课程的健康号脉：课程目标定位是否准确？课程内容选择是否适切？课程实施策略是否得当？课程评价是否直指课程目标的实现？这需要一系列的诊断。诊断的手段可以是课堂观察、头脑风暴式的研讨、学生访谈、调查问卷、目标检测等。诊断的目的是保障课程健康落地。在这个过程中，就需要同时启动另外一个程序——纠错。

如果我们的攀岩课程，能够在实施过程中启动诊断—纠错机制，就可以及时发现问题，研究对策，保证课程可持续地开展。以课程品质赢得学生，成就学生，这个意识也能够在纠错过程中不断强化和理解。

纠错机制的建立并非一朝一夕之事。

纠错，就要敢于面对问题。有些时候，有些问题，我们确实看不到，但也有一些时候，我们是故意忽略了问题，采取了“选择性关注”。为什么呢？因为很少有人愿意承认自己做得不够好，尤其是面对团队公开承认并为此去承担责任时。趋利避害是人类的本能，任何与本能的对抗，都需要一定的认知格局和自我管理能力。因此，我们需要建立集体纠错机制，依靠团队的智慧和力量，多渠道及时发现问题、面对问题、改正问题。2017年暑假封闭研发校本教学资源期间，就不断有老师对目前某些学科正在编写的内容感到困惑，诸如年级不同、内容雷同的问题，材料陈旧、缺乏更新的问题，模块编写过多、教学无法实施而闲置不用的问题，等等。一分校老师们每年寒暑假都非常辛苦，需要拿出一定时间来研发校本学习资源，但做着做着不可避免地就会出现工作惯性，为了研发而研发，模糊了研发的目的。令人欣慰的是，一些老师首先意识到了这个问题的严重性，对本学科研发过的所有学习资源进行了梳理、排查、诊断，围绕“科学性”“适切性”“时代性”“实践性”四个维度进行集体反思，坚持对的，匡正错的，厘清改进的方向，明确具体的做法。很快，各个年级的学科组先后都行动起来，在诊断和纠错的过程中，再一次提升了对课程的认识，对学习资源价值的认识，对学习者学习本质的认识。

纠错，要有“对事不对人”的安全环境。要就事论事，不涉及对人的道德评判、能力质疑，甚至兴师问罪，才能够回归到解决问题的根本目的上去。因此，在一分校的各个团队中，我们鼓励人人创新，也允许犯错，关键是知错就改。不论是学生教育、课程实施、教师培养，还是行政管理等各个方面，只要有让大家感到不舒服的地方，就可以围绕痛点，敢说真话，敢于暴露问题，并积极奉献智慧解决问题。敢于指出问题者，不会遭受人际关系压力，勇于实践者，不会害怕犯错，学校宽容的学术氛围会最大限度保护老师们的积极性和创造性。一位入职不久的青年教师和我讲过这样一个故事。当年，她作为应届硕士毕业生来学校应聘，在走廊里碰到刚入职一年的郭瑶老师，便问她：“这所学校最吸引你的地方是什么？”郭瑶老师想了想，回答说：“有很多，但最重要的一点就是允许青年教师试错，很宽容。”应聘成功的周肖飞老师无限感慨地说：“就是郭瑶老师这个答案，让我毅然拒绝了其他机会，选择了一分校。”

建立在学术土壤上的安全的纠错机制，是一个组织良好文化的体现，更是一种宝贵的集体思维品质，它通过智慧众筹、风险共担来保障学校教育教学、日常管理健康地行走在通往战略目标的大路上。

用语言管理意义

2017年10月16日

今天晚上6点，教师发展中心与工会联合举办了“新教师入职仪式”，遇“伙”新生的主题，既点明了新成员加入大团队开始崭新职业生涯的寓意，也与20位新教师亲手烧制的“凤凰涅槃”壁画产生意义连接。这样的主题，很显然，技高一筹。

“同一个世界，同一个梦想”，听到这句话，我们的第一反应就是“北京奥运会”，看到“没有什么不可能”，就会联想到阿迪达斯，读到“自强不息，厚德载物”，清华大学马上就会浮现在脑海。用简洁、有力、高度浓缩、概括的语言，来宣扬一种主张、信仰、价值追求或者行为准则，会快速直抵人心，甚至让人过目（耳）不忘。这在一个组织的管理和文化建设中，是一种非常好的做法：通过语言管理意义。

一分校的《行动纲要》，是全体教职工的智慧结晶，由2016年春天教代会审议通过，是学校面向未来六年的纲领性文件。在行文风格上与总校的《行动纲要》一脉相承，特别注意用好“精妙”语言的力量，以快速引发教职工的精神共鸣，建构出一套基于理解和信赖的话语体系，并慢慢在实践中发挥价值引导和行为规范的作用。

比如，在资源建设方面，“把钱花在离学生最近的地方”不是一句写在《行动纲要》里的空话，而是我们进行资源配置的首要原则。每当要花钱时，这条黄金法则就会从脑子里蹦出来，指导我们不要跑偏。

再比如，在描述学校战略目标时，我们采用了简洁明快、亲和平实的语言——“办一所受人尊敬的家门口的好学校”。没有复杂的话语，没有华丽的辞藻，也没有豪气冲天的壮语，就是很直截了当地宣告，我们要办一所什么样的学校。老师们不必刻意记忆，几乎可以张口就来。当学校的战略目标成为人人都能记得住、说得出的一句话时，离实际行动就不远了。更主要的是，它可以鼓舞人心，“受人尊敬”和“好学校”的美好愿景，让老师们感受到使命的重大。语言可以承载意义、传播意义并激励人们去实践意义。这个时候，语言就具有了非同寻常的影响力、领导力和改变力。所以，四年来，十一学校一分校全体老师就是在这句直抵人心的战略目标的指引下，做出了不同寻常的教育教学变革，让一分校成为学生喜欢、家长认可的家门口的好学校。

“评价是为了促进评价对象的进步”“成功是成功之母”“拥有一个好主意的最好办法是拥有很多主意”“矛盾点正是创新处”等，这样生动简洁的语言在我校的《行动纲要》中随处可见，内涵丰富、耐人寻味，却非常容易识记。重要的是，它会潜移默化地改变一个群体的思考方式，并最终以文化的力量影响每个成员实际行为的走向。

这类语言，具有相同的特点：生动鲜活、言简意赅。过于华丽的辞藻，一方面难以承载意义，同时也不利于理念的清晰传播。比如，同样是教师节感恩教育活动，一所学校用“一生桃李醉秋日，三千学子敬师恩”作为活动主题，另外一所学校直截了当以“感恩，就要说出口”作为活动主题。哪一个更容易直抵人心、便于传播呢？对学生而言，华丽未必讨好，朴实无华、意义明确的主题更能激起内心的呼应，进而影响实际行为。

是不是有了简洁、生动、有力的“主张”“理念”“口号”，就一定能够在组织管理中发挥价值引领和行为引导的作用呢？不一定。再好听的语言，如果不通过行动证明它的现实意义，它仍旧是毫无用处的空话、套话和假话。说了，并且带头这样做了，大家才会信。信了，大家才会跟着一起这样做。

师德不是刻意要求出来的

第二辑

师德缺失带给孩子的伤害远远大于专业水平的不足。

但师德不是刻意要求出来的，更不是靠发几个文件、开几个会就能解决的。美好职业品格的铸就，除了教师内心的自我觉醒和追求外，亦需要平常校园生活的淬炼。健康向上的校园文化、互助友爱的人际关系、崇尚个性与创造的工作环境、不断自我迭代更新的成长平台、时时感受到被尊重与被爱的内心体验，这些，交融、积淀成师德生长的土壤。身处其中的教师，心中爱与善良之花将绽放得更加绚烂。

“逼”出来的教师发展课程

2014 年 4 月 9 日

今天一大早，负责教师培训的叶翠老师，在食堂里拦住我，一个劲儿地问：“教师培训咋搞啊？”她的脸上写满焦虑，能看出她真心想把工作干好。我说：“我还没想好，一分校刚刚成立不到两周，好多情况还没摸清楚。”但我还是给了她一句放之四海而皆准的话：“这事需要系统思考，要找到关键撬动点。”

传统的学校教师培训存在三个突出问题。一是供需不对等。培训部门辛辛苦苦请来的报告并不是老师们需要的，没有实际指导价值，浪费教师时间。二是不接地气。空洞的大理论狂轰滥炸，严重脱离教师实践，听了和没听一样，一会儿就烟消云散。三是过于相信外来的和尚会念经，忽略教师的自主创造，没有让教师的声音及时在教师群体中发挥导向作用。

一分校的教师发展课程是怎样设计和开展的呢？我想，我用尽笔墨也很难描述负责这项工作的叶翠老师（教师发展中心主任）所经历的“成长突围战”。她的自述，会让这件事的来龙去脉更好地呈现。

合校前，我在原中学负责教师培训、科研和继续教育工作。原来的我，每学期开学前会根据上级文件精神、学校工作计划和手中现有的专家资源认真规划好一个学期的教师培训工作，然后按计划每周组织召开全校大会。每学期开学时我还收集教师作业、总结、论文并负责上交。合校的第三天，在学校餐厅里吃早饭，我跟新来的艳萍校长说："今天有全校大会，您要参加，您是不是需要说几句？"校长惊奇地看着我："为什么要开大会？""教师培训哪！"我也感到很惊奇！难道十一学校不开大会吗？十一学校不做老师培训吗？校长说："教师培训一定要开大会吗？有实效吗？以后不要开大会了，想想其他的培训形式。"我当时没敢明确反对，但心里暗暗嘀咕"不开大会咋培训哪"。后来几次汇报工作时，得到的回复都是"不要收官话、套话的总结""不要收没有意义的论文"，等等。我就犯愁了，这些都不让干，我该做些啥？校长还时不时蹦出一些我不能理解的话——"用学术引领教师成长""关注教师的精神成长"等。如果说开始我还能忍住，到后来真是有些崩溃了，在家里痛哭过两场。然后就是将近一个月的纠结——有对新工作内容的心理抵触，有不知方向的迷茫，更多的是焦虑。

读书点亮一盏灯

突然有一天，校长找到我，让我做一个方案，并在方案中加了一句话："让读书撬动教师思想观念，让读书与分享成为我们的生活方式。"这一下点醒了我，我似乎看到了一点光亮——无从下手的培训就从倡导读书开始。读书嘛，这个比较简单。刚刚合校，大家对十一学校的教育理念不太熟悉，也渴望了解，于是我就统一购进了一批书。过了一段时间后，我开始找人分享，搞读书沙龙，但报名者寥寥。千辛万苦终于找到一位愿意分享的老师，居然没几个人来听。当时真的好尴尬。好恼火！怎么办？校长又定位在教师因需自由参加，不许强行组织。好吧，那我就想办法"诱惑"大家来参与！于是，我将读书沙龙主讲人的美照做成海报，将分享内容用有吸引力的语言表述出来。分享过程中，我会在圈里不停地发照片、发感悟；沙龙结束后写报道，做宣传。每一个人都渴望被尊重，这样做后愿意分享的人就多了，然后我又想办法激励老师们自愿参与。活动刚开始时，我还准备了小礼物。这些都是从外部来激励老师们读书。慢慢地，当读书成为老师们的一种习惯后，类似赠送礼物的事就没有必要了。现在，我们每个月给每位教师发两本书，读书已成为一分校教师的一种习惯。

拓展平台助人成长

大量阅读，开拓了教师的视野，老师们慢慢有意识也有能力思考“好的教育”了，大家开始关注学生的世界，开始将更多的目光投向课程、课堂和教室建设。一些好的做法不断涌现，校长一再提的“教学沙龙”就在这个时候清晰地成为我的工作内容。我又开始四处求人来分享，但少有人响应——老师们不愿或者不太会梳理。我又陷入了困境。怎么办？我可以帮助他们挖掘和梳理呀！有了这个想法后，我开始利用各种机会与老师们沟通，吃饭时、学生做操时，“刘老师，您的这个方法太好了，好多老师遇到这类问题时都不知道如何处理，您给大家讲讲吧！我可以帮您归纳和提炼，帮您整理课件、做海报。如果分享遇到困难了，您随时可以来找我。”老师们不好意思再推辞，也就陆续参与进来。这时，我忽然发现自己的工作思路变了，不再被动地四处求人，而是主动服务、帮助教师成长。后来，我又发动学科主任和学部主任们参与到“一起发现，一起寻找”中来。老师们的分享越来越精彩。我又开始想，这些精彩的内容只有每期参与的老师能够亲耳听到，如果能让更多的老师听到该多好！这时，我脑中开大会的念头又蹦出来了。但此时我要开的大会再也不是传达工作、专家讲座那样单一的形式了，而是人人参与的全校型的教育年会。后来，年会成为一分校的分享盛会，每年一次，次次创新内容和形式。从第四届年会开始，我们向全国同行发出了邀请。

为每个人发展设计课程

刚有点沾沾自喜工作的进展，就被一条朋友圈的消息泼了冷水。一位青年老师在朋友圈发了这样一条状态：“……种种活动和课堂设计得到的反馈都不好……学生压根不配合……感觉真是糟透了……我的内心基本告别教师行业了。”教师成长遇到这样严重的问题，我们却没有及时跟进帮助，我们的“供”并没有完全满足教师们的“需”，很多人依然在痛苦地挣扎。所以，教师发展中心的工作不能仅仅满足于发现和分享，要认真分析教师个体成长的需要，私人定制发展课程。2016年1月，经过近一年需求调研、反复论证的《十一学校一分校教师发展课程（试行）》出台了。这套课程充分考虑了教师发展阶段、年龄阶段、成长需要的不同，在课程目标的定位、课程内容的设计、课程实施策略的选择方面，充分体现了“个性化”与“选择性”。任何一门课程都需要辅之以科学的评价，教师发展课程采取积分制。这个积分是柔性的，不与任何利益挂钩，但会反馈教师的学习状况和学习效果。因需而设的课程，才会有持续长大的生命力。

用项目研究推进科研

一分校的综合变革给老师们带来前所未有的挑战。选课走班、分布式领导、跨学科、综合、导师制，等等，全新的理念、全新的管理模式，冲击着每个人的教育生活。面对改变，老师们有更多的痛点出现了，原有的经验已经不能完全解决新出现的问题，难题又摆在了眼前。怎么办？于是，我们就制定了解决日常教学工作中痛点的项目研究机制，项目研究开始了。怎么做项目，我也不会。不会我们就向本校有经验的教师学习。现在，我们理解了项目研究就是要从自己的“痛”开始，从“困惑”和“抱怨”里，从学生最不满意之处，寻找项目研究的课题；要致力于行动的改变，避免空泛与纸上谈兵；注意发现问题背后的问题，寻找内在原因。因为是工作中出现的无法回避的问题，老师们于是就自发地组织项目组协同研究。现在，项目研究已经成为我们学校科研工作的主要形式。每年，老师们都会积极申报项目，我则负责寻找各类资源为老师们项目研究提供帮助。对项目研究的成果，我们会定期分享。项目研究变得让科研变得更加真实、有效。李希贵校长说，让教师在某个领域，特别是学术领域有发言权，甚至能够主宰学校的时候，他们就会把学校当作自己的学校，把学生当成自己的孩子，把这项事业当作自己终生追求的事业。学术引领就这样实现了。

现在的我，不会只想着用开大会的方式组织培训，我们的培训变得更加富有实效了。现在的我再也不会用行政命令的手段要求教师交论文，老师的科研能力却在不断反思、解决痛点中提升。现在的我再也不会为沙龙分享的参与度纠结了，即使沙龙只有一两个人参与（当然这种情况从未出现过），也是有价值的，因为我们的任何学术活动都关乎老师内心的丰盈与成长。

当我看完叶翠老师的这篇自述后，很激动，为她的华丽蜕变，为老师们的蓬勃生长。我在 2015 年 3 月 15 日的日志中写下了这样一段话：“这个组织已经慢慢萌芽出专业自觉的内在生长性，每个组织成员都有着强烈的自我存在感。不论是出于解决实际问题的需要，还是迎接挑战、更新自我的需要，老师们开始走出专业发展的被动，逐渐参与到一个又一个探索中。当成长成为自己的需要时，前行的脚步就具有了不可阻挡的力量；当方向逐渐清晰时，大家知道，唯有向前走，才可能遇到最好的自己。同时，越发感到只有在一个去中心化的组织中，民主才有生长的土壤，个体的智慧才有施展的空间。当每个人都成为自己的领导者，掌控自己的成长时，组织就会充满生机和活力，就能持续地突破自我，走向卓越！”

帮迷失的教师找到“我”

2015 年 1 月 10 日

邮箱里收到了一封信，担心的事情还是发生了。腼腆、内向的马老师，以这样的方式向我提出了辞职。读着信，鼻子发酸，很心疼的感觉。

小马老师 2013 年研究生毕业，是我当校长后纳入麾下的首批优秀青年。虽然平时不善言辞，但需要说话时他总能精准表达。更重要的是，这是一位特别善良、极富责任心的男孩子，人品与才学不可多得。我怎可能轻易放走？我没有批准他的辞呈，并回复说“我会保密”。

没想到，时隔半年后，他又发来一封辞职信，见我没反应，索性约我面谈。见了面，他依旧腼腆，说明原因以及今后的打算，还拿出足足三页纸的工作交接汇报，把他手头的工作进展、存在的问题、解决的方案全部清晰交代。想离职的人还如此敬业负责任，必须把他留下来。

没有几个人天生就是当老师的料儿。当然了，也没有几个人天生就喜欢当老师，起码在今天，教师仍旧是一个地位和收入均不那么理想的职业。

当十一学校凭借“让我们一起改变世界，以教育的方式”这句招聘广告，感召一批批优秀的硕士、博士前赴后继奔赴“十一联盟”时，不可否认，其中大部分是怀有纯粹教育梦想的热血青年，基于对十一学校教育理念的认同和改革实践的信心，毅然选择加入。“但当真实的学校生活在豪气冲天的理想面前琐碎展开时，‘一地鸡毛’的挫败感和无力感会让人一下子失去方向，甚至严重怀疑自己的选择。”已经走出事业迷茫期的北京大学中文系博士刘伟老师，与一分校的青年教师坦诚交流曾经的自我迷失。

三年来，一分校先后引进硕士、博士教师几十位，他们朝气蓬勃、富有理想、敢于担当，对教育怀有高度的热忱。然而，任何人的成长都不会一帆风顺，尤其是当一个人的短板抑或是理想，不断遭遇现实的挑战时，自我怀疑、自我否定甚至自我迷失的情况就会发生。

小马老师就是这样。

下面这篇文章，来自小马老师的自述，可以让我们更加深切地了解初入教育行业的优秀青年，他们会面临什么样的困惑和挑战，学校应该给予他们什么样的理解与支撑，以帮助他们走出人生迷茫，重拾教育的信念，坚定前行的方向。

我曾经迷失，找不到自己的位置

我从教时间不长，到现在为止才三年出头，但却几经波折，差点离开。我毕业于南开大学化学学院，应聘的是化学教师，执教伊始就是初三。第一年就带毕业班，对学生来讲压力很大。我学着其他老师的样子抓学生成绩，催交作业，挨个儿地给学生分析试卷，一点一滴抠分数，一步一步地走向中考。

这样的教学生活持续了两年，学生的成绩也不错，教的学生排名在海淀区有过前十名、前二十名。虽然工作未曾有过闪失，但我内心却备受煎熬，因为我从心眼儿里，不喜欢给别人施压。

不“健全”的学生生涯，使自己不会考试

生长在应试教育很厉害的年代，我却“巧妙”错过了所有大型考

试。我生长在一个小县城，中考的时候因为高中抢夺生源，我被提前半年录取。高中的时候，对理化知识特别感兴趣，自学了大学化学知识，参加全国奥林匹克竞赛并获了奖，并因此幸运地成了我们学校第一个保送升入大学的人。别的同学在总复习的时候，我变成了后勤队长——打扫卫生、画板报、筹划毕业晚会。为了参加大学的合唱团，找老师学习“唱歌”。总之，除了“正事”什么都干。

自己不会考试，又如何教别人

可能是因为经历得少，我至今不太会考试，准确地说是不会长时间、高强度地准备后再应试。在我心里，学习就应该是依着兴趣的，自己想要的。有时候学生和我说“老师，我真是不想学化学”，看着他难受的样子，我心里真想说：“不想学就别学了，看看别的学科吧。”但是我说出来的却是化学多重要，中考这么紧迫，慢慢来，以你的能力大幅提高没问题。送走学生，我自己一般还要坐一会儿，把刚才跟他说的话再跟自己说两遍、三遍，因为说服自己更难。如果当老师一定绕不开应试这道坎，那我就真的不合适。对自己指导考试的能力我也没信心，每天教学，如履薄冰。

辞职未果

我把想说的浓缩成了一封两页纸的辞职信交到了刘艳萍校长的桌上。当然了，辞职没成功，艳萍校长又把我拉了回来，她在倾听和安慰之余跟我说：“别走进死胡同，再多尝试一下。”之后工作做了调整，换年级，由初三变成初二。初二是课改年级，我申请做“导师”，并选择改教物理。作为导师，我不太会指导，我说不出那些规劝的话，自己的人生都没有处理好，我哪会指导学生？没有信心为他们设计人生——导师也不会做。

第二次辞职

我再次坐到艳萍校长面前，说：“要不，我还是别当老师了。”校长不着急，也没有放弃我，慢慢帮我分析个人的优势与爱好，她说：“这所学校一定有适合你的位置。”其实，我当老师的初衷一直没变——通过自己的力量帮助他人。三年来，同事们遇到信息技术上的问题都愿意找我，我也愿意研究这方面。听我如此说，艳萍校长眼睛亮了，我的心里也似乎有了一些光亮。

再次尝试

我是个喜欢用技术解决生活问题的人，大约两年前开始摸索制作 ibooks 电子书，课堂上用 iPad 教学，并带着我们组的老师一起尝试。经过和艳萍校长的交谈，我觉得可以试试探索“技术助力教学”。

跌倒了，换个方向爬起来

“技术助力教学”，用技术帮助别人，我喜欢。在学校的支持下，我们成立了“马广迎 OTO 教学实践研究工作室”，几个相信技术可以使教育变得更美好的老师走到一起，我们来自不同学科、不同年级。成立工作室在学校里引起了不小的影响，我在学校里又多了个标签，老师在课堂上遇到技术问题时第一个想到的就是“找广迎”。对此，我感到很开心。

心有多大，舞台就有多大

有了平台，我们就要发出更多的光和热。除了被动帮忙，我们还要主动出击。我们要通过普及一系列技术手段来提升教师进行数字化教学的意识。目前，我们又开始探索一项大工程——建立一分校教学资源库，上传每个学科的授课资源和老师的授课策略。做这件事的现实意义是解决老师每堂课前都要在网络上搜索资源的繁重任务。所有老师智慧共享，年龄大点的老师贡献自己积累多年的经验，年轻的老师在网上搜罗最新的教学资源，实现优势互补。长远的意义是在资源库建好后，将资源库系统与学生上课和评价系统连接起来。老师将资源库里的资源分享给学生，学生自主利用资源进行学习，利用资源学习时产生的数据通过评价系统反馈给老师、学生以及家长，从而形成完整的信息化学习过程。

"技术助力教学"，我喜欢。在这里我找到了自己。

终于找到自己的定位，我变得更加自信和从容。作为一个非师范院校毕业的大学生，我用了更多时间才找到适合自己的位置。非常幸运的是，我处在一所宽容的学校里，学校容许我换学科（化学换物理）、换年级，调整工作重心，不仅给我试错的时间和空间，还能给我搭建平台，以更好地发挥特长。

十一学校课程变革的基本理念是使教育面向个体，让学生"全面而有个性地"发展。其实，这一点也同样适用于教师。教师的发展不可能"一刀切"，要跳出复制的模式，为每一位老师量身定制专属于他的发展路径。这就需要我们在关注教师群体的同时，不断帮助每一位老师发现自己的发展潜能，使其逐步明晰职业定位。有了目标，也就有了前行的动力。当然，想要老师们找到自己的发展路径，学校需要营造宽松的、安全的、允许试错的教师成长文化。

做老师要厚道

2015 年 1 月 16 日

今天期末考试，初一学部主任崔丽娜老师通过微信发给我一页作文，出自他们年级的一位男生之手，字迹潦草，有不少错字、漏字，但情感真挚。丽娜很兴奋地告诉我:“一个从来不写作业、考试从来不写作文的学生，终于有大作出炉啦！且各科成绩都进步了一大截！”丽娜是一位谈起学生就会眉飞色舞的老师，也是一位能让全年级学生都喜欢接近的学部主任。吃午饭时我们两个又在食堂遇见，她再次兴奋地谈到这个曾经令所有老师头疼的孩子。

小男孩是一分校成立后，从其他小学毕业派位进来的初一学生，学习极其困难，尤其抗拒写作业，也拒绝和老师深入交流。他在这次考试作文中谈到曾经的自己，讨厌学习，“讨厌所有老师”。

小小年纪如此厌学，是什么导致的？听丽娜老师说，这个孩子的家庭教育存在问题，习惯不好，总出状况，小学阶段就让老师头疼，被判定为屡教不改的孩子，所有老师和他谈话时都在训他、批评他，拿他和别的同学比较，希望通过比较让他奋发图强。但越比，他就越逆反，越自暴自弃。他在作文里这样写道:“我是一个不讨人喜欢的孩子，我憎恨学校的一切东西，我讨厌所有老师，讨厌一切和学习有关的事情，尤其讨厌写作业。但是到了这所学校后，我慢慢变了。因为我实在觉得，自己不变的话，对不起这么

×（‘负’字不会写）责的老师。特别是我表现得那么不招人喜欢，我不交作业，我顶嘴，我对一切漠不关心，对一切不在乎。老师对我没有放弃，每天帮助我。尤其是我的英语老师徐宁，上完一天课，嗓子已经沙哑了，还和我说，‘你今天英语有个地方还是没弄明白，我再给你讲讲，你今天有时间吗？’我被他感动了，我觉得是老师的厚道，让我觉得这个学校挺可爱的，老师也是可爱的，学习也不讨厌了……”

他用的“厚道”一词，让我心痛。这说明什么？说明老师在他眼里的形象曾经是那么的尖酸、刻薄。那什么是“厚道”？就是爱与包容！学生再差，甚至有点“不可救药”，老师依旧能包容他、爱他，允许他在犯错误中慢慢长大，那这个老师就是很“厚道”。

但爱与包容，说起来容易，做起来却千差万别。

面对“问题学生”，老师都知道“尊重”和“沟通”的道理，往往也会尝试这样去做。可惜的是，老师对学生“好言善色”了几天后，如果发现他依然那样“油盐不进”，根本不买账，就绷不住了，就会训斥学生不长进，就会抱怨学生不懂得感恩，甚至会讽刺、挖苦学生“这辈子注定没出息”。当然，这样的“好”，轻而易举就会被学生识破，因为学生从老师的眼神里看不到足够的诚意和仁厚，于是断定老师只不过是想摆平他不再找麻烦而已。没有了信任，何谈好的师生关系？教育的挫败感会时不时困扰老师，尤其是经验缺乏的年轻老师；一些智慧不足的老教师面对新时代的学生问题，也会无可奈何。足够厚道的老师会怎么做呢？

他不会神化教育的力量，他会把善待学生作为教育的底线。厚道的老师认同自己这份职业的特殊性，承认每个孩子都不一样，未来的成长变化也会很大，他不会妄图扮演救世主，更不会幻想通过一两次痛彻心扉的谈话就可以“感化”甚至改造一个“问题生”。首先，面对这样的孩子，厚道的老师有一颗悲悯之心：小小的生命就如此愤世嫉俗、破罐子破摔，背后一定有令人心疼不已的原因。其次，厚道的老师会站在学生的角度考虑他需要什么样的帮助，并且告诉自己：不要急，学生做出什么出格的事情我都接得住，相信爱的力量会把学生越拉越近，也相信爱的力量会慢慢感化那颗幼小的心灵。

丽娜老师说，其实小孩子的眼睛可亮了，谁真对他好假他对好，他明白着呢。

对孩子来说，他对外界的感受，受成人的影响很大，其中就包括朝夕相处的老师。老师的厚道，可能会改变一个孩子对人、对世界的看法。慢慢等，慢慢润，即使心中有荒漠的孩子，也会长出绿色的希望。

外归功，让老师看到自我价值

2015 年 9 月 1 日

今年的开学典礼圆满结束。从形式到内容，与 2014 年的相比，在创意上又有新突破。当我夸赞策划人之一冯庆鑫老师时，他连忙说："田艺伟老师带着孩子们碰撞了一暑假，很多好点子都来自他们的想法。"听冯老师这样说，田艺伟老师连忙晃着呆萌的大脸蛋说："多亏了庆鑫，没有他缜密细致的落实，我们那些天马行空的想法根本无法实现。"

"学生成长中心"的这两位老师，在孩子们心中是重量级人物，因为他们不遗余力地为孩子们搭建校内外各类锻炼平台，培养了一大批卓越学生，深受孩子们的喜爱和信赖。看到两位老师自然地相互赞美和托举，我很敬佩他们的为人。相处三四年了，竟然没有听到一次他们团队之间的相互抱怨，哪怕是工作搞砸了，他们也会毫不犹豫地"内归因"，自我检讨。这种真诚协作、归功于外的个人品格支撑下的团队精神，使他们能够在实践课程上不断推陈出新，让孩子们享受到高品质的校园生活。

外归功，其实不是一件容易的事，这需要克服与生俱来的人性弱点。每个人都希望突显自己在组织中的重要性，渴望个人的才干、能力、贡献得到团队的认可。于是，往往因没有管理好这份内心的渴望，有些人就会被荣誉、名利俘虏，喜欢内归功，外归因 —— 有了好事，抢着往自己身上揽；一旦出了问题，马上把责任推卸到别人头上。

在一个团队中，领导者面对名利是“睚眦必争”，还是“成就他人”，直接关系着团队的成长，甚至组织事业的成败。是否能够及时肯定每个成员的付出与创造，能够支撑他们走到前面享受鲜花和掌声，不仅考验领导者的管理智慧，更考验领导者的气度胸襟。也许有的领导者会说：“别人的我不争，但属于我的，我凭什么要让？我拿走的是属于我的那一部分！”这么想，从人性的角度来说，不无道理，但从领导者素养角度讲，则是犯了管理的大忌，导致的后果就是上行下效。那领导者的成就感哪里来呢？杰克·韦尔奇这样说：“在你成为领导之前，你的成功只和自己的成长有关；当你成为领导之后，成功和别人的成长有关。”因此，我们带领老师进行教育教学的探索，不仅仅是让每一个孩子获得更好的成长，也是为了成就每位教师的成长与成功。

因此，一分校管理团队成员逐步达成这样的共识。

第一，言行一致，做永远胜于说。当我们希望老师能够创设出更好的课程，服务学生的成长时，我们首先要做到为老师们的教育教学做好服务，校长带头做好首席服务官。一个组织中，没有比重要人物的言行不一更具有破坏性和杀伤力了。我们怎样，老师便怎样。2017 年暑假，一年级、二年级全体老师决定自行研发“跨学科主题课程”的全套学习资源，仅仅图文并茂的读本就有八册。当我走进他们进行集体研发的会议室看望大家时，学部主任王双贝，人送外号“温柔贝”，笑眯眯地挨个介绍每位老师的强项和付出。比如，陈平老师、文辰老师的文字功底很强，许圆圆老师、彭雪老师、李红丽老师的课程创意很棒，顾珊老师、李敬玫老师、田宗梦老师的编辑水平很厉害，等等。所有团队的资源开发，一年级、二年级的任务是最重的，甚至在别的团队结束后，双贝老师还带着团队继续奋战了七天。返回家中后，精益求精的他们仍旧通过微信一直沟通内容的修改和完善。这支团队哪里来的凝聚力和战斗力？作为团队的领导者，王双贝老师的率先垂范、传递赞美和将功劳归于团队等至关重要。

第二，不与老师争名利，远离诱惑。“凭什么我做的，都成了他的了，闹了半天我们都是在为他干！”如果一个组织中响起这样的声音，确实就值得领导者好好反思了。抢功型的领导很容易失去部属的信任和尊重，造成团队人心涣散、人浮于事。卡耐基说：“如果将所有荣誉归于自己，那么这种人怎么能成就伟大的事业呢？”因此，一分校成立以来，学校评选各级各类荣誉称号时，学校的干部会主动将机会留给老师；在各个平台交流教育教学成果时，各个学部都鼓励老师走上前台。所以，当老师们发现，自己的努力、付出都会得到相应的肯定和回报时，自然就愿意参与学校的变革。也就是说，只有老师成为学校事业发展的受益者，他们才可能真心实意地担负起推动学校发展的职责。

第三，做简单的人，办纯粹的教育。两校合并，教师、干部队伍重组，成立之初的一分校面临诸多挑战。特别是在治理结构、课程、教学等诸多方面的变革中产生的各种利害冲突，一旦处理不好，势必影响学校的稳定与发展。因此，我们通过“聚焦学生成长”这一纯粹而又高尚的教育实践，引导老师们将时间、精力和智慧倾注在我们最核心的工作上，心无旁骛，一心办学，真正做到了“越纯粹，越美妙，越自由”。很快，老师们的注意力从两校合并后的茫然无措中快速抽离，投入崭新的工作，与孩子们一起快乐成长。

只有归功于老师，才能收获老师的尊重和信赖。对学校领导者来说，舍就是得。

教师的最大成就来自学生成长

2015 年 11 月 15 日

今天是周日，上午，我受邀参加一个教师专业化发展的课题研讨会，恰好和一位校长朋友相邻而坐，他很惋惜地和我谈到一位老师。这位老师是学校很重视的学科骨干，有一些社会兼职，每周都要外出一两天参与自称很重要的学术活动，但很少参加校内教研，更谈不上对其他教师的帮助以及和学生的相处。校长朋友找这位老师谈话，问他的职业目标是什么，这位老师说，希望能够在自己喜欢的领域里有所建树，评上特级教师。校长朋友希望这位老师能够多将时间和精力花在学校里，而不是墙里开花墙外香，但收效甚微。

我也认识一些类似的教师，大多头顶各类光鲜的名号，整天在空中飞来飞去，亮相于各大学术论坛、展示课现场或者名师峰会，一周下来很难在学校上几节课，更别提踏踏实实教书育人了。对此，学校领导也很头疼，但为了留住这些名师招牌、保住学校门面，也就睁一只眼闭一只眼，随他们折腾。

十一学校的《行动纲要》里有这样一句话，“我们不欢迎穿着闪亮鞋子却走不快的人”，以上谈到的老师显然就代表了这类人。一所学校里，这样的老师多了，不仅会破坏教书育人的文化，还会让老师们产生对“职业成就”的认识偏差。一名教师，他的职业成就到底是什么呢？

学校有责任帮助老师明晰自己的职业成就通过什么来体现。《北京市十一学校行动纲要》第 13 条指出:“学生在你心目中的地位有多高,那么你在学校中的价值就有多大。任何一位老师都可以有自己的个性甚至缺憾,但都不可以轻慢学生、忽视教学。我们可以原谅许多,但是永远不能原谅的是对学生和教学的轻慢态度。”这一段文字,一分校教代会的代表们反复研讨后,决定一字不改地写进一分校的《行动纲要》,作为全体教职工不可动摇的职业操守之一。不论是纲领性文件里的价值引领,还是育人实践中的现身说法,都帮助老师们清楚地认识到,最重要的评价来自学生,一名教师最大的成就就是学生的成长。领导力专家迈尔斯·门罗曾说:“你必须为你的工作找到心甘情愿为之付出的意义。”

当老师们的一切教育教学行为开始聚焦学生成长时,内在的职业动力就会因努力方向清晰而被大大激发,不断出现的职业挑战就会推动教师自我迭代更新,来自学生的成长反馈就会不断坚定教师的职业追求。“发现价值”,是教师专业成长的重要动力。

这里,少不了一些具体机制措施的引领与推动。其中,“教师教育教学情况诊断”就悄无声息地发挥着这样的功能。为什么说是“悄无声息”呢?因为这个诊断结果不和教师的切实利益挂钩,只是一对一反馈给教师个人,以方便他自己诊断、调整、提升。

要什么就评价什么。我们希望老师成为什么样的师者,就应该通过一定的导向评价引领教师的发展。每学期在全体学生中进行的“教师教育教学情况诊断”,从“老师能够公平对待每一位学生”“老师善于发现我的优点”“老师能够给予我有针对性的指导和帮助”“老师能够促使我及时反思和规划自己的学习”“老师注重我品德和良好习惯的培养”“老师在课堂上能激发我积极思考和表达自己的想法”等 11 个维度,正向引导学生看到教师的努力,尊重教师的劳动,以构建相互信赖、欣赏的师生关系。与此同时,11 个诊断维度会帮助老师找到成长的方向,通过来自学生的诊断数据进行自我发展状况的反思，不断调整学生观、教育观、教学策略与方法，为成为深受学生爱戴的、有人格魅力和学术魅力的老师而持续不断地努力。一位有着20年教龄的优秀教师和我聊过这个诊断曾带给她的剧烈冲击。她说，一开始没太重视这个，对自己“深受学生喜爱”毫不怀疑，认真负责一辈子了，怎么做都是为学生好。诊断结果却让她备受打击，分数很低。挫败感和愤怒让她甚至不愿意走进课堂面对那群“没良心”的小家伙们。理性在一周后复苏，她开始反思自己：为什么自我评价和学生评价竟会有这样的落差？问题出在哪里？是自己不够努力吗？是自己不够认真吗？后来她发现恰恰是自己太认真、太较劲了，她把20年积淀下来的自认为“行之有效”的办法一股脑砸向学生，学生受不了这个。一分校的生源已经发生改变，有想法、个性强的孩子越来越多，老一套的师生相处方式和教学方式，已经很难赢得学生。于是，在孩子眼中，她成为“灭绝师太”的化身，她的“好”并没有得到学生的认可。“师生关系的主动权掌握在教师手里”，《行动纲要》里这句话带给她前所未有的触动。她开始改变，尝试着真正从心灵上走进学生，构建安全、温暖的师生关系，以学生可以接受的方式施加教育影响，真诚地祝贺每一位学生的点滴进步。很多孩子开始当着她的面直接表白——“老师，其实您特别萌”“老师，最喜欢你一转身偷偷笑的表情”“老师，您这学期怎么越来越漂亮了啊”。学生因为爱老师，才会由衷觉得老师漂亮。这样的赞美，让这位老师真真切切感受到了来自学生的尊重和爱。虽然每天很辛苦，但灿烂的笑脸足以“暴露”内心的欢喜。

学校除了努力构建有利于教师发展的外部环境，同时还要为每位老师安装自我成长的内部动力机制，关键是内置一个核心元件——成就动机。成就动机能够直接影响人的行为活动、思考方式，并且是长期有影响。一个人事业上能取得多大成就，很大程度上不是由智商高低、才华大小、机会多少等因素决定的，而是由成就动机的强弱决定的。当一名教师极其渴望成为受学生尊重和爱戴的名师时，他就会萌发强烈的进取欲望，自主克服成长路上的诸多挑战，喜欢学生，喜欢课堂，喜欢钻研教学。这很好地解释了为什么同一年入职的青年教师，三年后的专业发展状况会参差不齐——有的已经成为学科骨干，有的连教学基本功还不让人满意。爱因斯坦曾说过，人与人的差别在八小时之外。而支撑一个人在八小时之外还能够孜孜以求的内动力是什么呢？成就动机！对老师来说，就是通过自己的努力，培养出一批又一批杰出的学生。这就是教师人生的最大成就。教师的自身价值也在这样的成就感中获得实现。

为了帮助老师成长，学校成立了教师发展中心和课程研究中心。这两个学术机构，通过分级分类的课程设置、多元多样的发展平台，以学术的力量来引领教师的发展，以职业的成就来激发教师的内在动力。

不要伤害他人的自我意识

2016 年 10 月 28 日

下午三点多，我在七年级的楼层里随便转转，沿途和遇到的每位师生打招呼。一位干部从楼道那头走过来，看到我，表情有点尴尬，能看出他想打招呼，但又忍住了，不自然地和我擦肩而过。我倒是和他点了点头。

这种异于平常的交流难免让我心中一凛:“出什么状况了?”很快回想起来，这位干部昨天在落实一项工作时，因考虑不周出现失误，给后面的工作带来一定麻烦，我当时没有好好听他解释，半批评半鞭策地告诫他要“增强责任心”。一转身，我倒是很快忘了，而从方才那一幕推测，他的自我意识受到了伤害，心里还没有翻篇呢。

在十一学校工作时我曾经有过一位搭档，很上进，也很勤奋，但有段时间总是和我抱怨工作累，家里事情也多，有点疲于应付。我没有多想，就自作主张地将她的一部分工作分给了其他同事，希望能够帮她减压。没想到事与愿违，她很不开心地告诉我:“你这么做，让我觉得自己是个废人!”我的第一反应是委屈，怎么会如此曲解我的好意?事后反思，问题还真出在自己身上。

她的抱怨就一定是真实想法吗?也许她就是希望上司看到她的努力而已。或许一个诚恳安慰，抑或当众表扬，就可以化解。我仅凭一瞬间的感觉就武断地做出决策，自以为是，没有沟通，没有真正了解对方的内心需求，也就难怪费力不讨好了。

每个人都渴望成为重要人物，这是与生俱来的人性诉求。领导者需充分认识到这一点，不能轻易伤害他人的自我意识。相反，要通过搭建平台，让每个人都能有机会证明自己，获得外界肯定。在教师层面，学校教师发展中心、教导处、校务处应不断地寻找和创造“让教师出彩”的机会 —— 可以是个人才艺展示、育人妙招分享、学科教室观摩、教学基本功切磋、课堂创新交流，等等。只要你有令人发现的理由，你就会在某一天的某一个瞬间，体验到个体价值得到尊重的精神愉悦。在学生层面，让学生成为重要人物的平台更为多元和广阔，班级、年级、学校、社会四个层面立体互动，让个性迥异、特长不同的学生都有机会选择到适合自己的展示空间。比如，一个二年级的小朋友，既可以在班级的“小百家讲坛”上一展学识，也可以在年级的足球队里发挥价值，还可以参加学校狂欢节的策划项目组，更可以在学校提供的市区级平台上获得更大的发展机遇。

但现实往往就是这样“现实”，不是每个人给了舞台就可以灿烂。我们周围的人群在“自我发展愿力”上，大致可以分为三类：自燃型、点燃型和阻燃型。点燃型属于大多数，小到一句鼓励、一次激将、一本赠书，抑或是与某人某事的偶遇，大到一次任务的挑战、一个机遇的给予、一场促膝长谈，甚至是一段失败经历，都可能唤醒这个人的自我发展意愿，使他给自己提出更高的要求，承担起更大的责任。自燃型和阻燃型的人，都属于少数。自燃型，说白了，就是不用扬鞭自奋蹄，每个领导者都希望下属是这样的。但这只能是个奢望 —— 这样的人可遇不可求。他们有着强烈的个人发展意愿，渴望成功，喜欢挑战甚至冒险，勇于承担责任。这样的人不需要管理，只需要平台。也恰恰是这样的人，会对领导者造成很大的压力，甚至是挑战。能克服人性弱点的领导者，会因为有这样的搭档而庆幸，并能携手开拓更大的事业格局；反之，嫉贤妒能的办公室惨剧就会上演。

有位校长朋友向我控诉了他的一位阻燃型干部：你使出浑身解数，他自岿然不动！面对任何新事物、新挑战，哪怕很小很小，他的第一反应永远是说“不”。显然，这样的人，一段时期内，很难成为事业上的同盟者，甚至还会成为破坏力较强的阻碍者。怎么办？

我也发怵阻燃型的人。我问朋友：“你能做到‘不换思想就换人’吗？”他摇头。那好吧，既然还得留着，就得想办法打破僵局。这就需要调动我们的反思机制：为什么一定要总想着改变对方呢？改变一下我们的思考视角是不是会好些？建立团队良好关系的主动权掌握在领导者手中。找找他的优点和长处，让他去做他可以驾驭的事情，不时反馈一下对他工作的肯定，我想，他虽难以点燃，但应该会变得比以前好。

人人都有自尊心，不论身份高低，不论财富多寡，其自我意识都不能轻易伤害。一旦伤害，人际信任的裂痕就很难弥合。也许有些人很少为“成为重要人物”而付出相应的努力，但不妨碍他内心依旧渴望成为重要人物。给他想要的，不放弃继续唤醒他的可能性，即使他不能成为同盟者，起码也不要让他成为我们前行路上的绊脚石。

师德不是刻意要求出来的

2016 年 12 月 22 日

上午九点多，我在校园里碰到来自山西省太原市的几位教育同人，他们很兴奋地描述来校三天的所见所闻，尤其是对一分校老师的敬业感叹不已。

一位校长说："你们保卫处那位于雷老师简直爱校如家，昨天晚上我们八点多离开学校时，还碰到她在巡视校园，每个犄角旮旯都不放过，今天早上不到七点就已经守候在校门口指挥交通了。"另一位副校长马上接着说："你们一年级的周敬一老师太爱孩子了，一下课就被孩子们围坐在教室后面的地毯上读书、做游戏，小孩子在她身边爬来爬去，她总是笑眯眯地照应着，一点儿也不急不恼。"这时候，一位青年教师笑嘻嘻地问："你们咋调动老师的，是工资高吗？"当得知工资水平与其他公办学校没什么差别时，这位老师不仅感慨："那你们老师的师德水平太高了！你们是怎么要求做到的？"

我一时不知从哪里回答。说实话，一分校很少就师德而谈师德，因为单独把它从教师的全面成长中拿出来谈论、要求，总觉得苍白无力，也令老师反感。当然，这不是说师德不重要，对学生的成长来说，师德缺失带给孩子的伤害远远大于专业水平的不足。我们非常重视师德建设，只不过方式和途径经过了选择，尽量做到无痕落地。

"对开大会宣传师德的做法，一直存在疑虑，不知道作用究竟有多大。"一位校长朋友说。他记得很多年前在某次会议上听报告，内容是宣讲某位劳模教师的奉献事迹，最重要的例证就是孩子在家发高烧，该教师却坚守岗位给学生上完一天的课，结果错过了最佳治疗时机，孩子落下终身病患。这位校长朋友说，他当时浑身起了一层鸡皮疙瘩，很怀疑这样的榜样是否能够赢得大家的敬佩和效仿，也怀疑这样一位老师能否真正爱他的学生。敬岗爱业的教师当然值得尊敬和学习，也值得宣传和表彰，但违背人性的人造英雄，是经不起真实生活的叩问和评议的。所以，我们不刻意进行师德教育的造势宣传，而是将这种美好的职业品格融入平常的校园生活中，与每一个真实的教育故事、每一名真实的学生“生长”在一起，让大家觉得做老师就应该是这个样子的，没有圣贤般遥不可及，也没有那么多的悲情与壮烈，而是平平凡凡地坚守，快快乐乐地追求。只要拥有一颗爱学生的心、包容学生的气量以及还不错的学识，就能够成为一名学生喜欢的、受人尊重的老师。

一分校成立最初的两个月里，尽管我每天都能看到让人不舒服的情景，比如，老师训斥学生、罚站，或者简单粗暴地处理学生问题等，但我依旧告诉自己，这未必就是师德问题，不要动不动就给老师扣上这顶大帽子。很多时候，是因为老师不知道应该如何和学生相处，也不懂得教育是怎样发生的，才会用错误的方式做了自以为正确的事情。学校最应该做的，除了亮明自己的教育主张外，更重要的就是通过每天的行动落实这些主张，让大家能够真切地“看到”我们不仅仅这样说的，也是这样做的。没有比领导率先垂范更具有说服力的了。比如，当校长能够面带微笑主动和学生打招呼时，这样做的老师就会慢慢多起来；当“泼水节”“狂欢节”等一系列节日课程铺开后，曾经严肃的师生关系得到重塑，老师便渐渐懂得了该如何和学生相处；当我们每天都在研究孩子、研究课程、研究教育，研究每一位师生的发展路径这些核心问题时，老师自然而然就会卷入进来。纯粹的教育生活最能打动人心。我们的教师发展中心、教导处、工会等部门不断发现老师们的创造，哪怕是小小的一招一式，都会在“名师讲堂”“教育沙龙”“读书沙龙”等平台上进行分享，借此不断增加老师们的职业成就感；同时，通过“月度人物”“党员风采”“青年才俊”等这些非正式的表扬，让老师们及时获得职业幸福感。

为什么很多老师干着干着就会出现职业倦怠？很重要的原因是他觉得自己在做周而复始的、乏味无趣的事情，无意义感会令任何一个人变得懈怠。老师不应该是知识的搬运工，而应该是专业的创造者，研究每一个孩子、每一堂课、每一项专业挑战，不断突破成长中的瓶颈，在教育教学领域有一些独特的研究和创造，这样他才能不断自我唤醒，保持一个专业创造者的激情和对育人事业的挚爱。

我们学校的艺术老师陈军，曾经教过计算机课，合并校的时候正负责小学的复印工作，很不开心。不久，学校开始选课走班，四年级以上的学生都可以选择自己喜欢的艺术模块。本着“让合适的人做适合的事”的原则，学校鼓励他回归自己擅长的摄影专业，为学生开设摄影艺术课。他别提有多开心了，起早贪黑地设计专业教室，每件摄影器材都是他的心肝宝贝。学校还任命他为“师生博物馆”的馆长，用镜头记录师生的校园生活。有一次，他腰椎间盘突出发作，医生建议休息两个月，但他被老婆摁着休息两周后就急匆匆回来上班了。问他为啥，他说舍不得别人动他的教室，让别人代课他不放心。因为热爱，所以投入。因为投入，所以快乐。每学期都有很多学生选修他的摄影课，一个欢快的他带着一群欢快的学生，用欢快的镜头记录下一分校诸多美好的瞬间。

一所学校必须定准核心工作是什么，如果这个“点”定错了，就会围绕无用的事情打转转。当我们一切聚焦于孩子成长时，老师即使累也不会抱怨。做老师的，这一点很伟大，无论是一个学术水平高的老师，还是经验型、学历并不高的老师，他们在学生成长这一点上，是不含糊的。反过来，学校要让老师们感受到来自学生的爱和尊重。通过“感恩日”“教师节”“海棠节”等多个校园文化日课程，我们努力搭建学生与老师沟通情感的桥梁，让老师在“被爱”中体验这份职业带给自己的伟大感和荣耀感。

内分享，结伴而行可以走得更远

2017 年 1 月 19 日

晚上 8 点，学校 227 会议室里灯火通明，围绕“基于标准的教学”研讨仍在热烈进行。不知谁提醒了一句：“晚饭都凉了，吃完再干吧！”这时，大家才停下来，把饭菜直接端进会议室，一边吃一边又聊上了。

这样的情形在一分校几乎是家常便饭。新中考方案出台后，隋子英、徐宁两位学部主任每天晚上分别和不同的学科团队研究课程调整方案。小学 3 ～ 5 年级开设综合课程后，跨学科研讨成为每周必不可少的集体备课。负责授课的各位语文、数学老师，为了在课程实施中能更好地融合科学、人文、艺术、技术等学科，每次研讨时不知不觉就会持续到深夜。教导处、学生成长中心策划每一场大型主题活动时都会费尽心思。校务处全体干部、职员用实际行动完成“从管理走向服务”的部门职能转型，为了避免干扰正常教学，他们常常在双休日、节假日工作。

一些校长朋友经常被这样的烦恼困扰：老师多干点儿活就要加班费，怎么办？老师一遇到问题就抱怨，怎么办？老师总是出现职业倦怠，怎么办？老师不愿意创新变革，怎么办？如果就一个个孤立的问题来回答，恐怕很难找到好办法。但如果站在“问题堆”上，去深挖问题背后的问题，不难发现这些都是人性的弱点作祟的结果。心理学家马斯洛的需求层次理论非常清晰地向我们展示了人的需求层次，由低级到高级。尽管满足生存需求、追求安全属于人的较低层次的需求，但这对个体幸福的实现却更为基本，必须满足，否则就无法激励人们去追求更高层次的需求。然而，这并不意味着它们是一种先后顺序的关系。所有层次的需求都是当下的、重要的发展性需求，可以同时满足。总之，了解人性，满足需求是解决这类问题的金钥匙。

应理解、尊重并尽量满足老师的基本需求，同时通过各种尊重人性的机制办法，点燃教师对更高层次的需求，即团队归属感、被重视和自我价值的实现。如何点燃老师？可以从四个层面尝试：发现长处，唤醒潜能，成就梦想，分享带动。

人是靠长处创造业绩的。很多时候，与其要求团队成员取长补短，不如鼓励人们扬长避短。一位专业能力无法适应一线课程改革的老师，却因他的认真负责和热心肠，能把二线的服务工作搞得风生水起；一位上了年纪、对教育技术无法搞定的老教师，却因他教学功底深厚、饱含激情，能把那些顽皮学生调教得“让干啥就干啥”，令一众硕士教师甘拜下风。我们相信每位老师都有闪光点，都有未知的潜能可以挖掘。学校的责任就是帮助老师在学校里实现自己的教育梦想，然后通过分享机制，让老师们的创造性实践带动更多教师行动起来。

分享，是学习型组织最重要的特质之一。结伴而行，可以走得更远。一分校这样的组织，所有的优质都还处于比较脆弱的状态，更需要抱团取暖。如何建立组织的分享文化呢？

首先，领导者要关注奔跑的人。学校究竟能走多远，取决于优秀老师能到达哪里。领导者要善于并及时发现那些奔跑者，珍视他们的教育教学探索，并建立相应平台推动这些成果的交流与分享。比如，学校每周都举行的读书沙龙、教学沙龙、教育沙龙、名师讲堂、青年教师大课堂，以及每学期都举办的全校瞩目的教育峰会等平台，都鼓励那些勇于实践的老师及时将自己的所做、所思、所想分享出去。谁参加不做强行要求，提倡老师根据个人需求进行选择。在一个组织中，只要有人在前面领跑，后面就会有人跟上来。只要组织的文化鼓励前行者、激励后进者，汇聚成一支勇往直前的队伍，就只是时间问题。

其次，领导者要勇于退居幕后。话语权是一个具有魔力的东西，对很多领导者来说，它具有极大的吸引力，似乎成为权力和地位的象征。一旦领导者贪恋上这个象征物，将它牢牢掌控在自己手中，这看似安全，其实就暗藏着极大风险。因为权力背后意味着责任。你专权，就别指望部属能够担责。想让每位老师成为责权利的统一体，以校长为首的领导者就要勇于退居幕后，将老师托举出来，让老师的声音在学校里响起。所以，一分校不论是全校大会，还是各个团队的小会，话语权就握在每一个普通的老师手里，大家不断分享、碰撞、探讨、生成。领导的位置在哪呢？站在老师中间 —— 为这个竖竖大拇指，为那个鼓鼓掌，问困难，给帮助，永远做老师最坚强的后盾。这个学校谁在说，取决于谁在干。你说我说大家说，在分享中达成思想的共振；你干我干大家干，在合作中踏出变革的道路。这是一个智慧众筹的过程，一个风险共担的过程，也是一所学校的每一位教职员工“文化入股”的过程。

附录 1　“教学沙龙”发言教师名单

毕虹翠	蔡昱茹	常红燕	陈　健	成二超	崔晨鹏	代素慧	邸泽民
范　晨	范冬晶	冯庆鑫	高　远	葛　洋	关亚楠	郭　瑶	郭杏好
郭秀梅	黄　月	籍小婷	江秋燕	姜　维	姜雯洁	荆双伟	客楠楠
李　航	李　辉	李　岳	李海洋	李宏兴	李黎明	李文婷	李玉华
刘凤琴	刘金广	刘婷婷	路　鹏	马广迎	马文健	马英博	孟祥玉
曲彦霞	邵泽慧	师　卉	宋新颖	隋子英	孙　闯	孙　骁	田晓萌
田艺伟	王　萌	王立勋	王双贝	王星懿	吴　静	徐　超	徐　宁
徐　妍	徐希阳	许　楠	严　华	杨　清	杨俊岚	杨晓蕾	叶　翠
于　雷	于海宁	岳巍巍	张　婷	张　昕	张　扬	张丽君	张瑞斌

张文顺　张小红　章　巍　赵　颖　赵文静　周肖飞　朱月玲　刘逸秋
张冬贺　张林春　袁世霞　张黎子

附录 2　“读书沙龙”发言教师名单

蔡松梅　陈　平　顾　珊　郭　瑶　黑月芝　姜雯洁　蒋鸢春　客楠楠
李海洋　刘　畅　刘化阳　刘玲玲　邵泽慧　王　璐　王星懿　吴大军
徐希阳　徐　妍　许　楠　杨晓蕾　叶　翠　于海龙　于海宁　袁若凤
张　婷　张文顺　赵　婷　周荣华　陈海燕　刘　佳　陈　阳　刘　涛
李玉东　杨冠中　赵丽茹　孙婕妤　王翠竹　赵　飞　蒲　涛

附录 3　“德育沙龙”发言教师名单

蔡昱如　崔丽娜　顾　珊　关亚楠　郭慧萍　郭杏好　马英博　师　卉
田晓萌　张　昕　赵文静　周敬一

附录 4　“年会主论坛”发言教师名单

蔡昱如　陈群芳　陈小雨　陈亚晓　崔晨鹏　崔丽娜　代素慧　丁建红
范　晨　范冬晶　高　远　关亚楠　黑月芝　黄　月　籍小婷　贾　茹
姜　维　蒋鸢春　荆双伟　客楠楠　李海洋　李红丽　李　岳　刘化阳
刘玲玲　刘婷婷　马广迎　马英博　曲彦霞　师　卉　孙　骁　田晓萌
田艺伟　王　贺　王　璐　王雨凡　王子硕　徐　妍　杨　清　杨晓蕾
姚京丽　于海宁　岳巍巍　张瀚斤　张宏强　张丽君　张梦婷　张　宇
赵　婷　赵文静　赵晓东　周荣华　周　婷

附录 5　“名师讲堂”教师名单

蔡昱如　陈群芳　崔丽娜　代素慧　邸泽民　丁建红　郭杏好　韩宪昌
黑月芝　荆双伟　李春宇　李海洋　李　航　李　军　梁乐泉　刘凤琴

马文健　邵泽慧　沈　娟　孙　闯　孙向荣　田晓萌　田艺伟　王　璐
谢　园　徐　宁　徐希阳　徐　妍　许　楠　严　华　杨青慧　杨　清
姚京丽　叶　翠　于　雷　张梦婷　张　竹　章　巍　周荣华

附录 6　“项目研究”教师名单

陈　健　丁建红　范　晨　范冬晶　高　远　关亚楠　姜雯洁　荆双伟
刘凤琴　刘化阳　孟祥玉　沈　娟　隋子英　孙向荣　王立勋　王双贝
王星懿　王玉环　吴大军　吴　静　徐　妍　杨青慧　杨　清　杨晓蕾
姚京丽　叶　翠　张丽君　张梦婷　张小红　赵　颖　周肖飞　朱月玲

附录 7　教师工作室主责老师名单

马广迎　邸泽民　籍小婷　姜　维　王　贺

为教师成长做好连接

2017年3月25日

今天下午，客楠楠、姜维、杨晓蕾、崔晨鹏四位数学教师登上了在重庆举办的小学数学“创新课程峰会”的舞台，向来自全国各地的400余位同行生动地介绍了一分校的数学实践，引起热烈反响。四位教师既有工作十余年的成熟型教师，也有刚入职仅仅两个月的新手。“外连接”机制让每一位一分校教师都有机会站在更大的平台上成长自己。

学校组织成员的发展仅仅靠内部机制还不够，还需要不断打开通往外界的通道，要“外连接”。互联网时代是一个凸显个体连接的时代，谁拥有的连接点多，谁就会赢得更多的资源支撑，进而获得更大、更快的发展。学校要帮助老师们构建个体连接，与全国各个学科的优秀教师、与校外各级各类教育平台、与各个领域各个专业的前沿资讯、与国内外优质教育资源等进行连接。在连接中，影响一个教师成长的关键事件、关键人物等，才可能最大限度地涌现。这是将激励外包的好做法，运用学校以外的力量激励教师成长。

近几年，不论是总校举办面向全国的教育年会，还是一些有影响的学术机构、教育媒体举办的大型论坛，我们都鼓励老师参加。只要有可能，就将老师推向演讲台，去分享我们的教育主张与实践。除了利用各种论坛练队伍，我们还积极与某些教育媒体合作，面向更多学校开放一分校的教育论坛，让更多的一分校老师勇敢地走上演讲台，不论是年近五十的老教师，还是刚刚毕业不到一年的新成员。分享给别人听是最好的学习方式。凡是登上过这种平台的老师，反思过程、总结经验、提炼观点的能力均有大幅度提升，对教育和课程的认识也更为深刻和清晰，很多人已经快速成长为学校的骨干。因此，善于抓住或者诱发关键事件促进教师成长，对一分校这样的师资队伍来说尤为重要。

在连接外部资源的过程中，自然会遇到很多对教育有真知灼见的专家、学者、名师以及各个领域的优秀人物，应有意结识并快速建立对话关系甚至同盟关系，并将他们连接给学校老师，借助这些优秀人物的思想、言行以及帮助，影响、带动老师成长。比如，日本的佐藤学教授、美国教师雷夫、美国校长克拉克，语文学科名师李红霞、李玉贵、余映潮等，数学学科名师吴正宪、华应龙、张宏伟等就影响了我们一大批老师的课程观、儿童观；比如，当今国际乐坛最优秀、最活跃的中国钢琴家之一孔祥东对我们艺术教师创新意识的影响和带动等。每一个人的成长经历中，都会有那么几个关键人物起到关键作用，学校需要不断为老师们连接到这样的人物。当然，领导者本身也要努力成为帮助老师成长的积极力量。

推荐或者分享关键图书已经成为一分校教师的一种生活方式。没有优秀图书介入我们的教育生活，让我们时时刻刻能够和那些伟大的灵魂对话，我们就很难走出薄弱校的困境，厘清我们前行的方向。

请看杨清老师的《在阅读中唤醒教育智慧》。

我可能代表了这样一类老师，在一所没有太大压力的学校过着安稳、悠闲的生活，不当班主任，除了备课、上课，我似乎不需要再考虑其他的事情。也正是因为没有压力，学习、读书也离我越来越遥远，除了几本教科书和教参，我不愿再去触碰别的图书。对学校布置的阅读任务，我也是敷衍了事，反正也没有人查。而那些书也成了书柜里的摆设。我当时认为只要认真教好自己的课，就可以依靠这个“铁饭碗”工作到退休。

2014年3月26日，我们学校成了十一学校一分校。从同事们的交谈中，我认识到十一学校的教师团队都很优秀，改革的速度也非常快。从大家的恐慌中，我感到了前所未有的压力，怎么办？

是迎头赶上还是被淘汰？为了保住这份“工作”，我必须做些什么。

这时，叶翠老师带领的教师发展中心开始组织教学沙龙和读书沙龙，并向老师们推荐了阅读书目，对阅读我再也不能敷衍了事了。于是，我被迫拿起了《学校转型——北京十一学校创新育人模式的探索》。

通过这本书，我初步了解了十一学校的教育理念，看到了不一样的教育观和学生观。“发现每一位学生的不同，唤醒每一位学生的潜能，启动每一位学生的内动力。”对此，我有些触动。

紧接着，我又阅读了李希贵校长的《为了自由呼吸的教育》和《面向个体的教育》。这两本书记述了李校长的一些改革历程和思考。很多都是看似平常的小事，其中却无不显示了这样一个道理，即以人为本。学生和老师一样，都是一个个鲜活的个体，我们不能只把他们当作学习和教育的工具，而应该通过尊重他们的个性发展来促进他们成长。

可是怎么做呢？

通过到总校参观和学习，我尝试着在我的教室和课堂上进行改革。李希贵校长在《面向个体的教育》中说：“放手才有更多的教育机会。”每个学生都是独立的个体，有自己独立的个性，在学习中也会有不同的方法和进度。

在经过了一段时间的观察后，我发现孩子们在生物的学习上也有差异，有的孩子思维能力强，经常有自己独特的见解，学习较为超前；另有一部分孩子则是能力中等，老师提出的任务可能无法迅速完成，有时在某个点上会出现瓶颈，需要同伴和老师的点拨；还有一部分孩子则是没有好的学习习惯，或者是学习能力较弱，需要老师随时关注。

针对这种情况，通过向总部老师学习，我在班级里进行了分区学习，根据学生的特点把教室分成了三个区域——自主研学区、合作交流区和辅助区。学生根据自己的能力自主选择不同区域进行学习。同时，我们在学习任务单上进行了分层设置，自主研学区一般会有更多拓展性的任务，以避免学生“吃不饱”；合作交流区则完成基本的学习任务和要求；辅助区降低难度，并通过我的指导让学生掌握基本的知识和能力。

分区学习进行了一段时间后，因为放手，我已经能在课堂上随时了解每个孩子的学习情况，并对他们及时进行表扬和指导，同时我也能有更多精力去关注那些能力较弱的学生。我发现孩子们与我的关系变得更加亲近了。

同时，我有了我自己的“领地”，那就是我的学科教室。在《如何更好地教学》中，我提出“营造良好的教室环境，就是尊重学生”。

我要利用生物教室的优势，让孩子们关注生活中的生物知识。于是，我们把一些植物、动物都请到了我们的教室，将各种模型、标本摆在显眼处，学生在不经意的观察和讨论中便会学到很多知识。当然，学科教室的布置也离不开学生的作品，我在《如何更好地教学》中说：“学生的自信心和在教室墙上拥有自己的作品展示有关联。”当我把孩子们在课上的作品张贴在教室里时，他们的眼睛里流露出更多的期待和欣喜，他们也有了更多的成就感。这种成就感又让他们对生物教室有了归属感。经过一段时间的尝试，我受到了前所未有的来自学生的表扬。

而我自己也收获了很多。此时的我不再将教学当作简单的工作和任务，眼睛里开始有学生了，开始进行“以学定教”的探索。

之后，我申请做了一次教学沙龙的主讲，因为讲的是亲身感受，我的讲话获得了老师们的好评。我尝到了改革带来的成长的甜头，也体会到了阅读给我带来的快乐。

于是,《第五十六号教室的奇迹》《夏山学校》《窗边的小豆豆》《给教师的建议》等书又成为我的阅读书目。在这些书中,我看到了孩子们的纯真、善良、独特,而雷夫、尼尔、苏霍姆林斯基让我感受到了老师对孩子真心的爱以及他们的教育智慧,孩子们也深深地感受到了老师对他们的关心和呵护。这不正是我曾经追求和希望的吗?

随着我们学校深入开展课堂观察,现在我和我的伙伴们将目标聚焦到了课堂教学上,我们通过寻找工具和策略来支撑每个孩子的学习,让学习真正地在每个孩子身上真实发生。我除了重新阅读《教师的挑战——宁静的课堂革命》等书,《可见的学习——最大程度地促进学习》《"懒"教师手册——让教学事半功倍的策略》《像冠军一样教学——引领学生走向卓越的62个教学诀窍》,也成为我近期的阅读书目。阅读已经成为我生活的一部分。从读书中,我不仅收获了知识,也收获了更多快乐,阅读让我的教育热情之火熊熊燃烧。

教师看到的世界越大,对学生的研究就越多维;接触的人物越杰出,对教育的思考就越深刻;对资源的连接越多,对学生的帮助能力就越强大。

考评机制惹的祸

2017 年 11 月 28 日

今天外出开会时，碰到一位校长朋友，他问我，有什么办法能让老师们不自私，愿意把自己的教学“干货”拿出来分享，这确实是个值得研究的问题。

老师辛辛苦苦研究出来的好东西，当然不希望被人轻易拿走，这也是人之常情。但如果一个学校的老师总是彼此戒备，各自为战，甚至为了个人名利而不惜恶性竞争，那学校发展就会陷入危险境地。

教师间存在适度竞争不是坏事，可以鼓舞士气，激发热情，提高工作质量和效率。但一旦超过那个“度”，打破了人际和谐的平衡，事情就会走向反面。那么，这个“度”，主要靠什么来掌控和调节呢？个人认为，学校的考评机制是关键。成也萧何，败也萧何。对任何组织来说，绩效考评都是一件举足轻重的大事，好的考评机制是有效管理的基础。那坏的呢，不但老师的发展环境会遭到破坏，而且连学生的根本利益也无法得到保障。

好的考评机制，将竞争引向外部。教师绩效考评是学校管理中最难把控的一环，弄不好就会出问题。比如，各校的中考、高考奖励办法，一般情况下，学校会对中考、高考的班级进行成绩排名，重奖带班成绩突出的老师：一是为了对这样的老师以示表彰，树立榜样，二是为了“刺激”其他成绩不好的老师奋发图强。看起来，很公平、公正，优者被奖励，落后者受鞭策。

实际上呢？这样的考评机制正引导着老师们走向人们最不愿看到的结果：内部恶性竞争。同样是数学老师，凭什么他总教好学生、拿高奖励，而我总接差班，吃苦受累不得好？于是，为了奖金，为了荣誉，老师们就会都不愿意去教“差”学生，更不愿意将自己辛辛苦苦研究出来的好东西分享给团队。一个“坏”的考评机制就这样慢慢瓦解了一个学科组，破坏了一所学校的教师文化。美国管理学学者斯蒂芬·P. 罗宾斯在《管人的真理》中一针见血指出“坏”考评机制的荒谬：“管理者常常奖励了他们试图阻止的员工行为，却没有奖励他们期望的行为。奖励什么得到什么！”

一分校的教师绩效考评办法，有一个根本原则——“将竞争引向外部”。学校根据毕业年级的团队建设情况以及各个学科在区里的对比情况，按照学校制定的相关办法，对每个学科组进行集体绩效考评。比如，初三语文组考核结果为一等绩效，那么组里所有语文老师都拿一等绩效。这样的考评制度，非常清楚地告诉老师们——必须打团队战，大家团结起来，相互帮助，共同进步，才能保证本学科成绩在与外部的竞争中赢得位置，这样也就为团队、为自己赢得了较高的绩效奖励。于是，对自己是教好学生还是“差”学生，老师们就不会那么计较了；对团队分享，大家也乐于拿出自己的好东西。毕竟，只有团队好，自己才能获益。那么，如何实现对教师个体奉献度的激励呢？主要靠学校的“校内职级评定办法”来解决——业务能力强、学术水平高、教学提升效果突出的老师，可以通过晋升校内“职级”，来提升自己的课时费标准。至于教师职级的评定，维度是多元的，更关注教师综合素养水平，教学成绩仅仅是一个参考因素。

好的考评机制鼓励先进，适度约束“优秀”。每所学校都会制定一套教师职称评选推荐办法，除了有上级部门的相关条件、要求外，还会融入学校“本土化”的条款，目的是激励老师们向着学校希望的方向努力。这样的思路是没错的，一所重视科研的学校，会把教师的科研成果纳入职称的考核维度；而特别看重教师个人成就的学校，会将老师获得个人荣誉情况作为职称评定的硬杠杠。老师们是聪明的知识分子，一旦弄清了“学校会怎样评价我”，就会朝这个方面努力，这就是大家口中的“踩点”。“踩点”不是坏事，但如果天天忙着写文章，夜夜想着争荣誉，把“让自己更优秀”的手段当成目的，就踩的不是点了，而是不务正业。老师的正业是什么呢？教书育人！所以，我们一方面要鼓励老师走向“优秀”，又要用好的机制适度约束“优秀”。比如，在一分校的《教职工职称评定推荐办法》里，我们会将“学术积分”（教科研成果累计积分）这一项设定 20 分的上限。也就是说，你写了再多的文章，搞了再多的科研，在这个评价办法里，也顶多加到 20 分。那会不会抹杀老师们搞科研的积极性呢？为了平衡这个消极影响，我们会另外制定一个《学术积分奖励办法》，鼓励老师们进行教育实践研究，各类成果转化成积分，累计到一定数额，就可以获得相应的奖励。达到 100 分是金奖，超过 100 分也按照 100 分标准兑现当年奖励，多出的部分第二年再接着累计。这样，既鼓励老师不断向优秀迈进，又适度约束“优秀”，以便使老师能够将更多的时间、精力放在教育教学和学生成长上。

好的考评机制，不能不痛也不痒。很多学校的工资体系里，都有“全勤奖”这一项，如果这个月没请假，就可以拿到这笔钱。为什么要设这一项呢？主要是担心老师迟到早退、无故不上班，同时激励老师“有故”也要上班。有了“全勤奖”，真解决了以上这些问题吗？未必！来不来上班、爱不爱上班，和这笔钱没多大关系，一是数量不多，扣点也不影响什么，二是几乎白给的钱，没什么激励作用。我在十一学校工作这么多年，工资条里从没有“全勤奖”这一项，但大家依旧早来晚走，也很少请假。为什么？对工作负责任、热爱学校和学生是根本原因，还因为绩效工资里每一笔钱都对应着实际的劳动付出，按岗取酬，多劳多得，绩优酬高。也就是说，干和不干不一样，干好干坏更不一样。好的工资分配办法，拥有巨大的杠杆力量，能激励老师勤奋工作、良性竞争。像“全勤奖”这种不痛不痒的考核，最好没有。

当然，太痛太痒也会出问题。比如，教育培训机构新东方在2015年前后曾遇到发展困难，俞敏洪带领团队经过深刻反思，发现主要是错误的考评机制造成的。集团内部长期推行的“个人收入与招生数量挂钩”的管理层绩效考评制度，导致各地培训点盲目扩张、恶性竞争，造成师资良莠不齐，生源大量流失。新东方刮骨疗毒般重新整顿考核机制，把收入和绩效考核放在次要位置，所有考核指标必须跟核心的教学质量、老师素质、消费者口碑挂钩。尽管此举一定时期内造成收入和利润下滑，却成为新东方进一步发展的一剂良药。

“将个人收入与招生数量挂钩”的绩效考核办法，直截指向业绩目标，太痛太痒，整个管理层被巨大的利益裹挟，导致新东方陷入发展困境。

由此可见，考评老师，不是一件技术活，不能仅通过一定的量化数据就能判别谁优谁劣。好的考核机制是一套蕴含管理智慧的激励体系。如果想拥有一支高素质、高境界的教师队伍，既精诚团结又良性竞争，那就应该建立与此目标相匹配的考核机制。考评什么，就会拥有什么！反过来，学校想要什么，就要去考评什么，但应力求方向正确，而不是数字精确。

第三辑

课程改变，学校就可以改变

学校的改变，是复杂的系统工程，教师、资源、机制、课程、课堂、组织架构、政策等诸多变量横亘在眼前，究竟从哪里入手进行改变？需要找到关键撬动点。

这个关键撬动点是什么呢？课程！课程改变，学校就可以改变。任何一场真诚的课程变革，必须基于对人、对教育本质以及对学习本质的科学认识与价值回归。

走出静悄悄的校园

2014 年 3 月 27 日

今天上任。下午把一墙之隔的两个校园都走了走，粗略盘查了一下空间状况，就到了三点钟小学的放学时间。一阵喧嚣过后，小学的院子里安静下来。中学这边也在四点左右结束了全天课程，师生纷纷快速离开。不到四点半，静悄悄的两个院子里，只剩下保安和我，大眼瞪小眼地守着空空的教学楼。

2001 年硕士一毕业就来到十一学校工作，一晃十多年，早已习惯了放学后依旧热闹异常的校园。学生在学校里待到很晚，或学习或玩耍，老师也习惯了晚饭后回到教学楼里，或答疑或备课，或者凑在一起聊聊天，话题无外乎学生。一所从来不考勤的学校，却成为师生喜欢滞留的地方，到处充满着生命的气息。如今，看着空空的校园，我是那样的不习惯。于是，我开始认真思考这个问题：十一学校从来没有规定过坐班制度，甚至从来不考勤，那到底是什么力量让师生愿意在学校里逗留呢？很多人都问过十一学校老师这个问题，得到的答案也不尽相同，但有一点可以肯定，那就是大家都认为“有忙不完的事儿”。如果一所学校的老师齐刷刷几乎同时消失，起码说明两个问题，一是这所学校让老师们觉得无事可做，二是这所学校的老师们没有爱上自己的职业。

沉闷的校园要变得生机盎然，绝不是校长一腔热血、一厢情愿就能够实现的。回想十一学校近八年来的深刻变革，能够冲出迷雾为基础教育探寻出不一样的一道光亮，源自它是一场自下而上的、基于内生性的教师自觉意识汇聚而成的集体性创造。对十一学校一分校即将开启的系列变革，老师们的个体创造意识如何被唤醒？学校的功能是什么？校长的价值在哪里？既需要系统思考，更需要找到关键撬动点。

这个点，我从老师们的眼神中找到了！

很显然，老师们对突如其来的两校合并感到吃惊，心理感受估计多半是有些恐慌。这么大的事发生，每个身在其中的人都无法逃避自身命运轨迹的改变。大家知道十一学校的到来意味着什么，那就是要做“好的教育”，快速“脱贫脱困”。可怎么做？人人都想知道怎么做！恐慌的眼神中又闪着一丝期盼、一份急切。

我也想快点告诉大家怎么做，但理性提醒我不能这么干，它有悖于十一学校的管理原则——目标引领，而不是强行推进。老师的眼神告诉我，他们希望“看到”好的教育。看到，才会相信，才会点燃内心对美好教育的渴望。启动了自我系统，解决了愿力问题，具体研究“怎么做”方可提上日程。

老师们需要走出校园，走出那条小胡同，走到阳光下，走进春天里，走进每一所绽放美好教育的学校……于是，接下来的几个月里，十一学校总校、十一学校亦庄实验小学，上海、杭州、南京多所著名公办、私立的中小学的校园中，陆续出现一分校教师的身影……一步步走出去，到更广阔的世界看一看后，老师们的眼睛开始变得明亮，内心开始激动。

走进总校那天，老师们开始时还比较拘谨，一言一行都很慎重，但很快，大家的注意力就被一张张青春勃发的面孔所吸引。这里的每位学生都是那样自信、热情且有礼貌，主动给老师们带路、介绍课程和教室，思维的活跃与谈吐的自如，令每位老师紧绷的神经不知不觉间放松下来，交流气氛逐渐活跃。在亦庄实验小学，不少老师多次热泪盈眶。“原来课可以这样上，孩子们分成小组，带着笔记，通过观察校园里的一草一木，完成延续一年的自然笔记，其中既有数学问题的探讨、语文诗词的赏析、科学奥秘的探究，也有美术创作和动手实践，这应该就是传说中的跨学科教学！”杨晓蕾老师兴奋地与其他老师分享。“关键是，不论老师还是学生，笑容都那么轻松、灿烂，感觉学习是一件特别有趣的事儿！”郭慧萍老师感叹道。就连一向说话淡淡悠悠如兰花般的黑月芝老师也激动不已地说：“他们的教室就像家一样，分区摆放着沙发、地毯、图书、乐高产品、学生作品，以及孩子们从家里拿来的毛绒玩具，色彩绚丽，充满童趣，小孩子一定喜欢上学。”在上海参观几所中小学时，老师们不断啧啧赞叹，艳羡这些学校的图书馆、学科教室、学生游乐场以及校园景观，尤其喜欢探听每一处精致设计背后的教育意图。比如，在走廊沿途随手可做科学小实验，某楼层拐角处的小型自然博物馆、某楼顶的中草药种植园、某校园一角的学习用品交换处以及校内流通的“货币”，等等。当上海实验东校那美丽的蝴蝶园展现在大家眼前时，吴静老师不由得鼻子发酸，眼泪差点掉下来，连说：“我们的教育太亏待我们的孩子了！”

老师们的教育视野随着脚步打开。当眼里的世界变大时，心中对美好教育的渴望也在升腾。

于是，有些老师打算开始行动了。

厕所门与卫生纸带来的课程启蒙

2014 年 4 月 3 日

一早去洗手间，没带手纸，于是折回办公室取，麻烦感多少影响了心情。十一学校每个卫生间都配备手纸、洗手液，大家已经习惯了上厕所不用操心这些琐事。现在习惯受到了挑战。除了没有手纸，小学厕所蹲位上也没有门，特别不方便。我问总务处为什么会是这样，回答说“安了也白安”，因为很多孩子把厕所门和卫生纸当玩具——门上荡秋千，卫生纸弹得满天花板都是。索性，门掉了不再安，纸没了不再配。学生见不着，也就消停了。

我和总务处同志约定，一个星期内分头搞定各自的事，他们把厕所门和卫生纸安上，我请教导处协同老师们买进大量图书和乐高玩具，每班开设阅读课和乐高课程——孩子们特别高兴，下了课也不愿出教室，继续读书，玩乐高。被图书和乐高迷住的孩子们，就很少再去和厕所门、卫生纸纠缠了。是啊，如果学校里有更好玩的事情，哪个孩子还愿意去厕所里折腾呢！课程建设，必须马上提上日程，好让一个个生龙活虎的孩子能够在一分校释放天性，愉快地学习、玩耍和长大。

这件小事的处理，只是初步启蒙了大家对学校课程价值的认识。真正的课程意识，没有一个较长时间的、真诚的、耐心的沟通，系统的引领与实践，是很难建立起来的。

来一分校的第一个月，沟通是我投入时间和精力最多的事情。推开每一间办公室的门，主动和老师们聊天。还记得走进的第一间办公室是初中英语办公室，几位笑意如花的女老师一起站起来和我打招呼，有和我年龄相仿的高振香老师，山东人，性格直率；有三十岁出头、文静内敛的米嫒嫒老师，后来才领教她超级冷幽默的一面；还有一位是年轻活泼、说话极富感染力的徐超老师，当时婴儿肥比较明显，后来励志减肥成功。她们的笑容瞬间安抚了我那颗无处安放的心。孤军深入一个完全陌生的工作环境，对谁来说都是挑战，我也不例外。不同的办公室，不同的学科，不同的老师，见到老师正在做什么、说什么，就以此为切入点展开话题，漫谈式的，努力营造轻松愉快的聊天氛围，更主要是听听老师们怎么说。早饭、午饭我都会在食堂吃，每天选择的座位都不一样，希望尽量通过这种非正式的沟通，能够接触到更多的老师。发现有些老师很有想法后，就会邀请他们来办公室继续聊聊。办公室相对封闭，适合一对一沟通。一个安全的、可信任的沟通环境的创设，有利于真实信息的传递与接收。一般情况下谈话时间不少于四十分钟，过短的接触很难让人敞开心扉，聊到实质性内容。

花费时间、精力做大量沟通，一是可以快速消除陌生感，建立感情连接，二是可以努力从老师的声音中寻找变革的依据。面对“两所学校合并，第三所学校承办”的复杂局面，我们不能奢望短期内统一思想，但可以聚焦目前最紧迫的任务，统一目标。经过一个月的非正式沟通，收获了意外的效果，老师们提出的很多想法、意见和建议，甚至是牢骚、抱怨，都有助于我们更好地分析形势，经过反复思考后确认，哪些事情可以大刀阔斧、一步到位，哪些事情需要等待更好的时机。在 4 月份召开的首届教代会中，全体老师之所以能够很快认同学校制定的战略目标和下一步战略部署，和之前的良好沟通有着很大关系。

沟通中，我虽然不会强行灌输十一学校的理念，但也比较注意对一些关键点的把控，很自然地运用十一学校的思维方式助推老师思考，有时候会借力打力，匡正某些偏颇的认识。这里需要把握好一个度，别让老师有被意志强加的消极体验。比如，一次与几位小学老师闲聊班级活动的开展，霍京红老师的好点子特别多，不断冒出智慧的火花，大家的情绪也比较高涨。突然霍老师话锋一转，有些为难地说："哎呀，哎呀，这不是自找麻烦吗？"我连忙把话茬接过来："这么好的点子可舍不得扔，就如同您所说，教育，就是自找麻烦！"后来在教代会的发言中，我再次引用霍老师这句"至理名言"，告诉大家，一分校的教育接下来要走一段很长的探索之路，很多时候就是自找麻烦，因为我们要给孩子们最美好的教育。

2017 年 9 月份，霍老师从五年级调整到一年级带班，不但接受跨学科主题课程的全新挑战，还要承担班主任工作。一位年近五十的老教师，竟然每天都朝气蓬勃，笑意如花，小小的一枚"班币"被她运用得出神入化，成为培养一年级小豆包自主管理能力的法宝。没错，教育就是"自找麻烦"，很多像霍老师这样的一分校老师，都在不断向旧我宣战，通过不断更新自己对教育教学的认识，提高我们教育实践的品质。

"建设一所受人尊敬的家门口的好学校"的战略目标，在首届教代会上被正式提出。大家共同寻找抵达目标的路径，梳理关乎一分校发展的关键成功要素。经过排序确认，排在前四位的关键成功要素是：教师、课程、资源、机制。四大要素彼此咬合在一起：课程是学校改变的关键，教师是课程的设计者、研发者与实施者，资源配置是课程实施的物质保障，良好的学校运行机制能激发教师良好的职业状态和生命状态。

老师们认为，九年一贯制学校，"一贯"的不能仅是表面的学制，而是教育，是人的成长。课程，作为育人的重要载体，自然要成为一所学校集中力量去做的核心工作之一。经过全体教师三年的智慧众筹，我们初步构建出一套尊重儿童成长规律和认知规律的"龙娃成长课程"。龙娃是十一学校的吉祥物，集智慧、勇敢、担当等美好品质于一身，以这样一个深入人心的励志形象寓意一分校学子的成长目标，既高度概括，又有丰富内涵。

这套“龙娃成长课程”体系，将学生校园生活全方位、立体化纳入课程范畴。横向上，课程涵盖了传统意义上的文化课程与德育课程，按照“领域 — 学科 — 课程”逐层展开。其中语言、数学、人文、科学与技术、艺术、体育等领域，属于学业课程，将德育课程整合创新后纳入该体系，统称为“综合实践课程”。 这套课程体系以北京市课程设置要求为依托，跳出狭义的学科视野，关注学生的核心素养，强调课程的整合与融合。纵向上，年级分成一、二年级“跨学科的主题课程”，三、四、五年级“主题下的分科 + 跨科课程”，六、七、八、九年级“分层分类的可选择课程”有机衔接的三个阶段。

“低段综合、高段选择、九年一贯”的课程设计，使孩子拥有了一个美好的童年。在这里，生活和学习融为一体、课程与体验紧密结合。随着年龄和自我认知的增长，孩子需要更多的探索和尝试，需要为自己的发展方向做出选择并为自己的选择负责。

推下河的同时，抛下救生圈

2014年4月4日

今天，学校第一张面向全体老师的“招贤榜”海报贴了出去。

各位老师：

十一学校一分校小学部准备成立“新一年级课程设置及开发项目组”。我们期待各位老师能贡献自己的一份力量，为学生的发展提供智慧，为学校的发展出谋划策，为自身的成长赢得平台。我们热切地盼望各位老师积极参加！有意参加的老师，请提前思考三个问题：第一，新一年级可以开设哪些课程？第二，我们可以利用哪些课程资源？第三，我可以在新一年级或者其他年级开设什么课程？

两校合并还不到一周时间，大家晕头转向的当口，为何贴出这样一张海报？其实际意义有两个：一是树立风向标，不纠结于旧的过去，要看向新的未来；二是制造急迫感，片区内优质生源回流是当下大事，必须凝心聚力，通过好的课程赢得家长的选择。

紧接着，一张张招贤榜贴了出去，各个年级的课程项目组先后成立了。

什么叫课程？和我们平时说的课堂教学是什么关系？为什么要重构学校课程？国家课程不好吗？存在什么问题？怎么改？改造后的课程用什么教材？我们有能力研发校本教材吗？怎么研发教材？如何处理国家教材和校本教材的关系？……老师们一连串的问题奔涌而出，层层疑惑亟待有人给予解答和引领。环顾四周，除了我之外，都是原有的干部、教师，大家除了满腔的热情和困惑外，就剩下盯着我看了。这些问题我可以回答，但我不能回答。一是我的身份会让我的回答成为最高指令，万一有不妥之处不好回旋；二是我并非课程专家，课堂经验也有限，擅自指挥、评判，带来的“非专业风险”会导致课程变革的不确定性；三是“要事优先”原则让我必须明确定位自己眼前的角色，不是埋头扎在老师中间搞课改，而是集中精力推进学校运行机制的建立和学校教育教学环境的快速改善。但老师们的眼神告诉我，他们急切希望改变，但不知道怎么改变，一次次无果的研讨、争论，让他们强烈地感到，需要“懂的人”引领，甚至做出示范。于是，章巍同志，在这个时候走进了一分校团队，成为学校课程变革中不可或缺的领军人物。

第一眼看过去，章巍整个人最大的特征就是“瘦而精神”，五官并不出众，凑在一起却透着那么几分帅气，再加上他偶尔抖搂出的小幽默、善意的小狡黠以及做事的大麻利，混合成一份独有的个人“小魅力”。一旦走进他的数学课堂，就会小宇宙大爆发，不仅因为他较为深厚的专业素养、精炼的教学语言、巧妙的问题设计，关键是他与学生互动时的全身心投入，声音眼神、肢体动作都恰到好处地辅助着他课堂内涵的传达。

作为总校的数学骨干教师，当接到我的诚挚邀请，希望他来一分校帮助老师们一起做课程时，他没有任何犹豫，快速交接完工作，便一头扎进这个36亩地的小院子，没问过待遇，没挑剔过工作环境，更没抱怨过每日超负荷的工作节奏。从早到晚，他就和老师们待在一起，沟通、沟通再沟通，研讨、研讨再研讨，就一个个具体的课程问题，达成共识。如果说两校合并的飓风一下子将全体老师卷进学校变革的洪流，那么章巍就是我抛进河水中的第一个救生圈。紧随其后，富有活力、能力全面的英语老师徐宁，业务精湛、做事追求完美的数学老师王贺，精通学校管理的数学特级教师刘金广，勤奋敬业的数学特级教师郭杏好，具有教育情怀、格局阔大的语文老师崔丽娜，作为总校的骨干教师，先后受邀来一分校支援，他们也毫不犹豫地跳下河，带领老师们稳定心神，认清方向，彼此扶持，爬上河岸。

回忆这段经历，是想就优质校承办薄弱校，实现快速转变的路径探寻，提炼几条有价值的做法。

首先，课程改变，学校才能改变。课程是撬动学校教育综合改革的关键驱动点。这句话省略了一个中间环节——课程改变，教师才能改变。教师改变，才能带来学校改变。教师能够在课程的改变中获得改变，关键在于内心对改变的认同，因此，就需要来自一线的“懂的人”，不断地与老师们进行理念与实践的碰撞、磨合，慢慢达成共识。当然，“懂的人”背后，是学校强有力的支撑，包括信念、策略、人、财、物。

其次，抛开行政命令，以学术力量带动老师走起来。自上而下的变革，往往因缺乏群众基础，特别是骨干成员的支持而失败。只有自下而上的、基于一线教师内心需求的、融入一线教师专业智慧的改革，才可能具有持续不断的前行动力。如何引发“自下而上”的教师个体自觉意识的萌发和教师群体创造性的觉醒？个体沟通与快速连接是非常重要的策略。跳下河的人，有主动的也有被动的，一定要在最初抛下救生圈后快速地教会水中人游泳，实现从他救走向自救。只有每个人都自觉行动起来，改变才可能真正发生。

最后，课程变革，应鼓励每个年级都要不同程度地动起来。虽然我们主张“鼓励先进，允许落后”，但只是允许暂时落后，因为长期落后不但损害学生成长利益，也是对教师自身成长的不负责任。如果鼓励各个年级都能够向前迈一步或者半步，老师看到的世界与之前就会不一样，成长就会慢慢发生。

第一期教育沙龙的摩擦

2014 年 4 月 29 日

下午 3:30，一分校历史上第一期教育沙龙 ——“给孩子一个真正的童年”，在小学教学楼一层的会议室里举行。

首期，破冰之旅！这样的发声方式，对老师们来说，非常新鲜，还不习惯。酝酿过程中所承受的压力以及事件本身所承载的意义，并非后来其他几十期所能比拟。

沙龙是大家畅所欲言的地方。学校老师们之所以能够走出最初的茫然无措，得益于“走出去”，正所谓“百闻不如一见”。

4 月 21 日，我带着二十几位小学教师来到北京市亦庄实验小学。亦庄实验小学是十一学校承办的第一所小学，开学还不到一年。老师们一走进学校大厅，就被整面墙壁的笑脸吸引了 —— 那是一张张洋溢着自信和快乐的笑脸，无论老师还是学生。接下来的感受，老师回来后这样概括，感觉就像“刘姥姥走进了大观园”，哪里都是新奇，仿佛自己从来未做过老师一样。也有的老师说，原来教室可以是这个样子，老师可以这样讲课，学生可以这样自由。能看出，来“亦小”的老师还是非常受触动的。回来的路上老师们也一直在交流看到的细节，几位青年教师的神情更为激动。大家感慨最多的倒不是课程的新颖，而是“亦小”每个孩子的状态 —— 那样大方舒展、灵动活泼，浑身散发着孩子该有的朝气。

一位老师悄悄问我："回到学校后是不是组织大家讨论一下，我们该向亦小学什么。"我表示支持。为了方便大家没有顾忌地交流，这次讨论我没有参加。

讨论结束的晚上，就有老师很忧虑地告诉我："情况不乐观哪，大多数老师对'亦小'的课程改革存在很大疑虑，认为我们做不了，也没必要做。"我没有说话。第二天，接到一封邮件，一位老师担心打扰我工作，以书信的方式和我沟通这次沙龙的情况。

"有的老师对小学低学段跨学科课程整合依旧是质疑，有的甚至是反对，还有的仍在不断强调学科的专业问题……整个研讨过程中，质疑声、反对声不断，缺少支持的声音。但我相信，老师们说的是真话。在这里，我想和您明确的是，我不是要告状，只是想反思为什么会有这样的情况。"接下来，这位老师分析了一下原因，认为一方面是讨论会准备的问题，另一方面是老师们目前心理状态的问题。他说："第一，会议组织者缺少经验，没有对此次会议的背景以及要聚焦的话题阐述清楚，导致大家交锋时话题过多，容易陷入一个细枝末节问题争论不休。第二，会议组织者不应该一开始就对问题下结论。讨论嘛，就应该让老师们发表一下看法，组织者直接说出结论还让别人怎么说呢？第三，学校刚刚合并，很多老师还没从'惊慌失措'中缓过来，或者观望，或者狐疑，或者拒绝，即使有想尝试的，也觉得身单影孤，缺乏信心。"

看了这封信，我有些失落和焦虑。那段时间，我大脑中一直有两个"自己"在打架，每天一碰到与十一学校理念相冲突的事情，需要我做出反应时，这两个家伙就开始打。比如，"说还是不说""干还是不干""需要严肃对待还是一笑置之"，等等。这封信又把我的两个"自己"激活了。最终，仍旧是理性占了上风，我不断告诉自己："别急，真实就好，真实就好。"学校刚刚合并，既不要强求立即改变，更不要奢望万众一心。真实的碰撞，才能真实地暴露，也才能抓到改变的机会。本是一个十分感性的人，每天却都要说服自己“要理性一点”，真的好难哪！不过很快，一条短信将我心中那点失落一扫而光。“一次一次的研讨价值在哪里？我们要做的，是努力思考我们怎样以学生接受的方式、以孩子感兴趣的方式、以带给他们快乐的方式去学习。该不该变革这样的争执有什么意义？学校不改变，我们怎么发展，孩子怎么获得好的教育？教材能不能整合？这也没啥疑问，大量优质学校的实践已经证明，教材整合，教学资源整合没任何问题，一切都是因孩子的需要而动。如果我眼里有学生，一切就都可以改变。所以，校长，建议搞一次更深入的教育沙龙，先从解决学生观问题入手。好的学生观有了，教育就有了！”

来自老师的真实声音，让我们找到了打破僵局、澄清混沌的突破口——找到正确的学生观。

通过邮件给我写信的那位老师，在信的末尾，用这样一段话激励我，“正如您所说，这个过程是漫长而艰难的，但我们不怕！观念的冲突从未减弱，信念的坚定愈发坚定。席慕蓉在《印记》中说：‘不要因为也许会改变，就不肯说那句美丽的誓言；不要因为也许会分离，就不敢求一次倾心的相遇。”我想说：‘不要因为也许会改变，就不肯说那句美丽的誓言；不要因为也许会艰难，就不敢求一次美好的相遇。’”

至今，仍然感谢这位老师在困境中对我的激励，他让我相信，在这所当时一切都模糊不定的学校里，已经有希望的种子在萌芽。这点微小的“确定性”让我坚信，在不久的将来一天，大家就会见到梦想破土的力量。

通过不断聚焦“学生观”，最主要的是通过校园里的“实际行动”让老师们“看见”学生，让这个一直挂在嘴上的“学生”，成为走进老师心里的“人”。6 月 17 日，也就是在第一期教育沙龙近两个月后，由陈群芳、刘玲玲、张竹三位老师牵头的第二期教育沙龙——“我们尝试做课程”欣欣然睁开了眼。我们开始聚焦课程，聚焦改变。

让课程资源实现最佳配置

2014年5月12日

上午，带着几位干部转校园，研究暑期改扩建工程的规划细节。转到小学楼南侧那栋残破的二层简易楼时，大家开始琢磨怎么变废为宝，将这个废弃多年的地方改造成教学空间，以弥补学校教室的不足。逐一打开二层楼的各个房门，大家不断发出惊呼，“天啊，怎么到处都堆满了东西？”“这都是什么教具啊，看着至少有十年了！”“哎呀，前天还给老师们买技术课的工具呢，没想到这里有好几箱子，真浪费！”大家踮着脚，在旧物中小步而行。

我就地和大家探讨了三个问题：第一，这些东西是怎么来的？第二，为什么会有这么多？第三，学校的教育教学资源到底该如何配置？

讨论下来，所有问题都有了眉目。首先，供需不对接。采购的部门几乎从不征求一线师生的需求，想当然购买。其次，管理者与使用者不对接。资源采购回来后直接入仓库，支配权握在上层管理者手中，将物品“管理好”是其主要工作目标。而资源的使用者在一线，处在管理金字塔的最底端，几乎不知道学校有哪些资源可供使用，也找不到资源提供者，或者即使找到了但服务却迟迟不到位。于是，一年又一年的教学资源就这样积压下来了。最后，课程与资源不对接。学校开设的课程靠哪些资源实施下去？难道仅仅是一本教材、一块黑板、一台电脑、一位老师吗？这是对课程实施的窄化。课程落地过程中是需要大量资源支撑的。比如，化学课程少不了各种实验资源的支撑，生物课程少不了动植物标本的支撑，语文课程少不了图书的支撑，各类艺术、体育、技术课程更不用说了，几乎是资源决定了内容的样态和实施的形式。一所学校不研究课程与资源的关系，就无法触碰课程的实质，也很难让学习者真正发生学习。

不夸张地说，资源配置问题几乎成为课程有效落地的关键点。如何实现资源的最佳配置？或者换个角度这样问："如何让仓库从学校里消失？"必须实现物品存放空间的转移。转移到哪里去呢？一定是离学习者最近的地方。这个地方是哪里呢？教室！只有把资源转移到各个学科教室里，让教师、课程、学生、资源全面对接，才可能物尽其用，使学习发生。

这个问题想清楚了，事情也就好办了——制定出资源配置流程，把每一分钱都花在离学生最近的地方。每个学期期末，课程中心都会和各个学科组、课程组一起研究下学期的课程开设，这必然要认真研究与课程实施配套的资源配置，于是资源配置与使用就成为老师们自己的事情。在一分校，教师既是课程的研发者、实施者，也是课程资源的整合者、调度者，各个职能部门必须毫无阻碍地帮助教师实现资源的优化配置。

现在，走进每一间教室，都能看到按照老师想法配置的个性化桌椅、柜子、壁橱、书架、沙发以及各类装饰物等课程资源，就连每个教室的钟表都是按照学科特质配置的。参与才会负责任，深度参与才会坚决捍卫。教室里的一草一木、一砖一瓦都倾注着老师的心血和情感，如同经营家一般，大家不爱上都很难。所以，取消办公区，坐进教室里，老师从情感上水到渠成般就接受了。每个寒暑假，都会有老师从家里赶回学校，到自己的教室里通通风，浇浇花，将下学期需要的资源清点摆放好。我想，如果不热爱这里，是很难做到的。当然，不仅仅因为建设教室倾注了心血，还因为这间教室已经承载了很多教育故事，承载了很多师生之间无私的爱。

不需要宣布“开始”的六一儿童节

2014 年 5 月 30 日

上午九点整，我戴上女巫面具，登上主席台，接过话筒，气运丹田，刚喊出“六一儿童节——”，台下的孩子们就“啊——啊——”地尖叫起来，引发全场此起彼伏的欢呼，事先准备好的彩烟弹也伴着沸腾的人浪“嘭嘭嘭”地喷向蓝天，兴奋异常的学生四散奔向自己心仪的活动项目，只留下喊了半截话的我傻傻地站在台上大笑。

今天是星期五，儿童节在两天后的周日。为了不让孩子们失望，儿童节庆祝活动提前。

这是一分校成立后的第一个六一儿童节。如何对待这个节日很重要，是向全体老师传递十一学校“儿童观”的重要契机。

当时的大队辅导员王双贝老师拿着活动方案找到我。王老师是一位做事非常勤奋、执着的干部，在后来的组织结构调整中，她成为一、二年级的学部主任，带领老师们大刀阔斧地进行跨学科主题课程的探索，其教育眼界和学术水平都得到快速提升。双贝的这份六一儿童节方案，由于受以往经验和认识的局限，比较传统和形式主义。比如，为优秀少先队员颁奖、请各级领导莅临讲话、找几个特长学生表演节目，等等。

“那其他学生做什么？”我问。

“我想，就只能当观众了。”她面有不忍和无奈，能看出她也不喜欢这样的六一儿童节。

“对已有做法要敢于扬弃。首先，想想孩子们为什么要过六一，他们渴望过什么样的六一。只有把学生放在第一位来思考，才能给出学生需要的教育。”没有具体指导，只是把方向告诉她，我相信，她和老师们一定会有更好的创意。

不出所料，一分校首届六一儿童节以“快乐、健康、分享”为主题，通过丰富多彩的、适合 6 ～ 12 岁不同年龄阶段的活动模块，将师生全部卷入，人人是主角，各个有精彩。活动开始前，策划活动的老师让我上台讲几句，然后再开始校园狂欢，我拒绝了。我说，你们看看孩子们那憋足了尽头要撒欢的模样，谁有心情听校长啰唆呀，我可不能“自取其辱”。双贝老师知道我的软肋，再次劝我：“估计老师们放不开和孩子玩，你得做个榜样，戴上面具，就说一句话‘六一狂欢节现在开始’，就一句！”

上了“鬼子”的当了！于是，就出现了文章开头那一幕。

爱玩是孩子的天性。在儿童节这样的欢乐氛围里，孩子需要的不是正襟危坐接受领导训话，而是释放天性，享受属于他们的成长福利。

中国学校缺少的不是规矩，是自由与平等。

以下这些六一儿童节镜头，时常出现在真实的教育生活中，看着真的扎心。

烈日炎炎，孩子们端坐操场，暴晒之下满脸淌汗，也不敢动一动擦一擦，主席台上端坐着一排领导，头上有遮阳的凉棚，手中有冰镇的矿泉水，口中有长篇累牍的讲话。儿童在哪里？

文艺表演，学校创新了展示形式，将整个校园变成了舞台，不同的学生团队在不同的空间等待领导嘉宾们检阅。于是，舞蹈队以起舞的姿势跪在操场上，等着慢悠悠的参观团队“恰好”路过观赏，一跪就是半小时。儿童在哪里？

教师、学生同台竞技展示书法，老师的桌子全部摆在树荫下，穿着传统长衫的老师在凉风习习中泼墨挥毫，学生的桌子全部暴晒于灼灼阳光下，孩子们穿着厚厚的汉服挥汗如雨。儿童在哪里？

儿童节，不是学校作秀的舞台，不是嘉宾领导的主场，而是儿童充分享受快乐童年的节日。

让我们一起重温一下六一儿童节的来历吧。1949 年 11 月，国际民主妇女联合会在莫斯科举行理事会议，各国代表愤怒地揭露了帝国主义分子和各国反动派残害儿童的罪行。为了保障各国儿童的生存权、保健权和受教育权，改善儿童的生活，会议决定以 6 月 1 日为国际儿童节。

让我们把六一儿童节还给孩子！

煞费苦心的开学典礼

2014 年 8 月 30 日

离开学还有两天时间。2014 年的暑期，校园改造工程异常繁重，多支队伍在高速运转，其中包括开学典礼的策划团队。

尽管改造工程几乎耗尽了我们的力气，但对即将到来的开学典礼，我们仍旧当作头等大事对待。团委书记田艺伟、团委干事徐超、大队辅导员冯庆鑫，作为学生成长中心的核心成员，整个暑期都泡在学校那栋唯一没有施工却堆满了杂物的小楼里，一边研究方案细节，一边落实筹备工作。开学典礼的头天晚上，教导处和公共学科的老师都来帮忙了。

至今头脑中还会清晰呈现那幅画面：杂物横陈的楼道里，老师们插空坐在地上，通过流水作业，为每个孩子准备开学大礼包。还清晰记得有体育组的于雷老师、王博老师、王佳老师、王卓老师、李宾老师，艺术组的张英老师、杨俊岚老师、沈娟老师、孙玉芳老师、杨静老师，教导处的张莉老师、杨华老师、成丽艳老师，保卫处的高俊华老师、王茜老师等。苦不苦？很苦！但因为目标一致，心气足，大家谈笑风生，还一个劲儿祈祷，明天千万别下雨！

这是一分校成立后的第一个开学典礼。它的亮相基本上奠定了学校大型主题活动的定位：有趣且有用！有趣，符合儿童心理特点，高度的参与感令人难忘；有用，即教育目标的落地，任何教育活动最终都要指向育人。

我们请来了孩子们非常喜欢的中央电视台少儿频道主持人月亮姐姐和四位同学一起主持。细心的月亮姐姐很快发现，老师们穿着统一的白色T恤衫，每人胸前的图案竟是老师自己的个人照片，运用软件萌化处理后非常可爱。照片下面是老师的名字，背后则是这位老师的个性宣言。月亮姐姐惊奇不已，连赞："这个点子好！我要有一件就更好了！"得知学生中心早就准备好了，月亮姐姐再次感叹："每人一件，各不相同，这得多大的工作量啊！"个性T恤衫，是老师们碰撞出来的想法，希望孩子们一走进校门，就能看到老师可爱的模样，交往自然而然就会发生。建立情感连接是开学第一天的要事之一。

典礼现场，每个孩子的嘴角都在上扬。人手一份的开学大礼包让学生异常兴奋。首先，是一张幸运刮刮卡。刮开之后是种类各异的开学礼物，比如，乐高玩具一个、经典图书一本、卡通学具一支，等等。但礼物不能凭空得到，需要付出努力才可以。这就和礼包里面的第二份礼物建立了联系——开学护照。九个年级，九种颜色的开学护照，分别根据不同学段的教育目标设计护照内容，内容的呈现方式则是通过一系列"师生互动""同伴互动""家校互动"的任务驱动完成。每完成一个任务，就会得到一枚开学纪念章，集齐一定的数量，就可以到学生中心领取开学礼物。大礼包里还有一件送给学生的T恤衫，命名为"梦想T恤"，孩子们在接下来的开学周里，通过各种合作方式将新学期梦想涂画在上面，悬挂在教室、走廊、大厅里。于是，很快，整个校园就沉浸在美好的、新学期的希望里。

整个典礼由一个个好玩的环节串联而成。我们通过大屏幕，在九个年级中分别抽取一位"开学使者"到台上转动"甜蜜大转盘"，大转盘的指针指向哪个班级，哪个班级就可以得到一盒印着"BNDS2014"字样的大蛋糕。欢呼声此起彼伏！分享开学蛋糕，其实是在传递爱的力量。

典礼的最后，我们通过大屏幕随机从九个年级中抽取九位"梦想使者"到台上，共同放飞九支小火箭。当火箭飞上蓝天的一刹那，全场沸腾。

这就是我们的开学典礼，没有高高在上的主席台，没有套路式的系列讲话，更没有整齐划一的正襟危坐。老师和孩子们，舒展地席地而坐，激动时就跳起来欢呼。没有什么不可以，学校首先要赋予师生真实表达内心情感的自由。

回想我在十一学校做团委书记的9年，一直负责筹划每年的开学典礼，本来已经是驾轻就熟的一项工作，没想到自从2007年李希贵校长来了之后，所谓的“策划经验”全部失灵，尤其是开学典礼，成了最令我害怕的苦差。毕竟是全校师生都眼睁睁见证的一场大活动，效果如何当场见分晓，压力之大可想而知。还记得2009年的开学典礼方案，竟然被李校长否决了十几次，我几乎绝望，最后通过学生发动学生，智慧众筹，突围成功。经过几年的历练，我逐渐领悟了十一学校对教育的理解和追求，其中包括对“开学典礼”价值定位的认识。

为什么要有开学典礼？

首先，它是一场仪式，宣告新学期开始。仪式感的呈现很重要，不是华而不实的作秀，而要真真切切地打动人心。每一场仪式都是一种生命的体验，它往往让一些抽象的概念、主张、精神等，因丰富的体验过程变得触手可及；同时通过美的形式，使内隐的教育要求外显化，能在学生的精神世界里产生持久的影响力。

其次，它是一门课程，目标指向育人。整个开学典礼从策划到实施，全过程围绕育人发生。因此，需要精心想到每一个细节——细节蕴含教育，细节打动人心。

最后，它是一个节日，全校师生共庆的节日。庆祝成长，祈福明天。要让开学典礼成为学生精神发展、思想发展的加油站，唤醒学生对人生意义更高层次的理解和追求。

如何让孩子们喜欢开学典礼呢？

三个要素必不可少。

一是年年创新，与孩子的天性合作。研究学生，满足其成长需求，我们的教育才能“费力却讨好”。很多约定俗成的、套路式的桥段，要勇于改变。如何必须保留的话，也要每年都以令学生惊喜的方式出现。

二是学生核心，让每个孩子都成为典礼的主角。这就不可避免要做出取舍，将每个孩子托举到典礼的中央，存在感和参与感会增强典礼的教育实效。

三是时间控制，集体典礼 30 分钟内必须结束。学生，尤其是小孩子，注意力集中的时间有限，冗长的活动，不使用强制手段很难保证学生全程“在线”。所以，必须精炼内容，精简环节，保证学生“真”参与。

因为这个更民主

2014 年 10 月 10 日

今天，投入使用的学生食堂开始试运营。

暑期校园改造工程，不仅改造出 100 多间学科教室，还把中学原有的篮球馆改造成了一馆多用的学生食堂。孩子们终于可以吃上放心、可口的饭菜了。

接下来试运营的一周里，我带着干部天天到学生食堂用餐，不仅关注饭菜质量、服务质量和学生意见，同时研究 1600 多人分拨吃饭的人流量问题、安全问题、窗口设置科学性问题，等等。第三天，我们注意到一个很有意思的现象：在可以自由选择菜品的窗口，学生排起长龙等待，而“配餐类”窗口前，接连几天门可罗雀。为什么有个配餐类窗口呢？这是食堂管理人员的用心之举。考虑到有些学生珍惜时间，不愿排队，就设置了该窗口，荤素菜品搭配好，学生刷卡直接拿走。可惜买账的学生寥寥无几。第四天，食堂就把配餐类改成自选类了，结果学生蜂拥而至。我让冯庆鑫老师去问问学生：“为什么更喜欢自选类？”冯老师笑嘻嘻地跑回来告诉我，学生的答案特别有意思——“因为这个更民主”！

从配餐类到自选类，“计划经济”走向了“市场经济”，学生态度就来了个 180 度大转弯，背后的推动力量是什么？是选择权！我们的选课走班，将学校配置的课表变成了学生自选的课表，就是在尊重学生学习方式与成长方式的选择权。

从六年级直升到七年级后，陈小雨的学习生活彻头彻尾发生了改变。不再有行政班级和班主任，每个同学都有自己的导师，大家拿着属于自己的一张课表，穿梭在不同的学科教室里上课。在语文教室里，小雨和小萱是好朋友，共同学习丁建红老师的基础语文，但上数学课时又分道扬镳了，小雨选的是难度较高的王贺老师执教的数学Ⅲ，而小萱的数学是弱项，因此选了难度较低王玉环老师执教的数学Ⅰ。面对艺术、技术、体育等近 60 个模块的课程，小雨一时迷惑了，有太多喜欢的课程不知如何取舍。于是，小雨就和几个有同样困惑的同学去找导师张丽君老师沟通。张丽君老师的指导让小雨豁然开朗，她为自己定了三条选课原则：第一，将自己的兴趣爱好和选择的课程对接；第二，按照喜欢程度进行排序，没选上第一喜欢的，可以退而求其次；第三，如果喜欢的都没选上，摆正心态，或许在一个新的领域里能发现一个新的自己。总而言之，要对自己的选择负责。

有了这三条原则，小雨内心踏实多了。令人高兴的是，因为课程足够丰富，同学们的爱好各不相同，大家几乎都成功选上了自己喜欢的课程。小雨的课程表上有轮滑（体育）、汽车外观设计（技术）和戏剧《绿野仙踪》（艺术），与好朋友小萱的网球、建筑模型和陶艺课截然不同。还好，除了在语文课上，两个人还可以在共同选择的学生社团“方圆电视台”碰面。

其实，在一分校，拥有课程选择权的不仅仅是 7 年级学生，4 ～ 6 年级的学生在技术、艺术、体育课程上全面实现了打破班级界限的选课走班。6 年级的师生更大胆，经过一个学期周密的酝酿、筹备，最终在 6 年级全部学科实现选课走班。事实表明，学生的适应能力是相当惊人的，他们对崭新学习生活的接纳速度远超出我们的预期。每个人都渴望成为自己成长的主人。

一分校课程的变化，带来整个学校生态的改变。学生不再被动接受安排，充分的课程选择权正在激活每一个孩子的内在动力；学生多样化的学习需求激活了每一位教师的创造性，使教师逐步成为自觉的课程设计者和实施者，并努力向学习的协助者、成长的陪伴者转换。当课程成为学校的核心产品时，当师生的内在动力被激发时，原有的学校组织结构必须重新构建——保障以学生为中心的扁平化管理成为必然。传统行政班和班主任的行政权力被打破，师生成长共同体开始出现；每位老师都加入与学生成长息息相关的分布式领导；每名学生都开始重新定位自己在学校的位置，成为自主管理学院的一员。

只有当一所学校开始以课程聚焦个体的成长时，选择、实践、体验、反思才能成为学生校园生活的重要组成部分；一个被唤醒内在成长动力的学生，才可能为自己的成长负责。

不可回避的是，选课走班后的一分校教师，与2011年选课走班后的总校教师一样，遇到了一系列同样的挑战与困难。没有了行政班和班主任，如何进行集体教育？如何落实学生的日常行为规范？如何监管学生的学习质量？繁杂、琐碎的管理工作通过什么渠道落地？学科教室成为铁打的营盘流水的兵，谁为这间教室的卫生，门、窗、灯，电教设备负责？导师和班主任有什么不同，如何界定导师的工作职责？分布式领导的操作原则是什么？如何防止管理成本过大给教师教学精力带来的干扰？课下抓不到学生无法答疑辅导怎么办？导师制下各科教师如何协作，针对学生个体实施教育？……众多问题奔涌而出！虽然遇到的问题和挑战同样艰巨，但焦虑程度与总校教师当年相比，不可同日而语。正所谓“前人栽树，后人乘凉”。有可借鉴的资源、可请教的老师，一分校教师快速度过了焦虑期。尽管很多问题仍需要通过我们的具体实践获得解决办法，但起码每个人内心越来越坚信，我们选择的这条路可以走得通。

希望每个学生都不愿放假

2015 年 1 月 30 日

今天是寒假前最后一天在校日。

已经放学半个多小时了，一年级“小蜜蜂班”（每个班都有属于自己的名字和吉祥物，不是序号）的小泽同学还徘徊在教室里，一会摸摸展板上的手工作品，一会趴在鱼缸边端详游来游去的小鱼，一改往日活蹦乱跳的模样，沉默的神情里还透着一点点忧伤。妈妈已经站在教室门口催了几次，小泽就是不走。关亚楠老师和李玉华老师正在整理孩子们一学期的作品，或挂或贴。“太多了！”两个人不禁感慨，给孩子带来不同学习体验的跨学科主题课程，已经让孩子们的想象力和创造力飞起来了。她们不约而同地注意到了小泽。

“小泽，妈妈已经在等了，怎么还不走哇？”关亚楠老师问。

小泽不说话，依旧在老师身边蹭来蹭去，摸摸这摸摸那。

“你是舍不得离开吗？”李玉华老师摸摸小泽的脑袋瓜。

一句话触到心坎上，小泽眼睛里泪花闪闪。

关亚楠老师，这位刚毕业不到一年的北京大学中文系硕士，已经深深爱上了小蜜蜂班的每一个孩子。她拉着小泽的手，一起坐在软软的大沙发上，环顾教室里各式各样、色彩斑斓的作品，一学期的生活真是充实、惬意。

小泽悄悄告诉老师：“我不想放假，家里没意思。小蜜蜂班最好玩，可以躺在地毯上打滚，可以窝在沙发里看书，可以大家比赛玩乐高，可以一起涂鸦玩泥巴，可以一起包饺子迎新年，可以一起寻找春天；还有两位爱笑的老师，每天和我们在一起！”

一分校像小泽一样不希望放假的孩子还有很多。悦悦担心自己认养的小花假期里没人照看，陶陶不忍心把毛绒玩具孤单地留在教室里，鹏鹏想申请在假期里回到教室里把所有的绘本全读完，欣欣一想到要和老师、同学分开就难过……

开学的日子很快到来，孩子们在随笔中流露出的快乐，让很多老师直呼:“孩子们的快乐把我的上班恐惧症都治好啦！”六年级的小涛说:“开学了，又可以和自己心爱的小伙伴一起玩耍了，又可以跟和蔼可亲的老师聊天了。”七年级的小维说:“我从未像现在这样，愿意每天上学，愿意每天见到那一张张活泼的面孔，愿意聆听上课与下课的铃声，愿意拿起笔写出那漂亮的字体和内心的声音！”

偶然的一天，我在朋友圈里看到一位一年级家长妈妈分享的文章，是孩子爸爸写的日记。爸爸和孩子一起读睡前故事，谈到生死的话题时，女儿问:“我们死后转世还能相互认出来，成为一家人吗？”爸爸肯定地回答:“一定能！”女儿想了想，坚定地说:“来生我再上小学的时候还要在小雨点班，我会认出每一个同学，不论他们在哪个班，我都会把他们叫回到小雨点班。”读到这里，我和那位爸爸一样，泪如泉涌。孩子的心是最纯真透明的，如果不是她深深爱着这间属于“小雨点们”的教室，不爱这里的每一个人，她不会那样的牵肠挂肚，即使在遥远的来世，也坚定地要在一起。而值得探究的是，那间教室里究竟发生着怎样的教育，让孩子们能如此爱恋！

首先，教室里要有一位爱孩子的老师。如何判断老师是爱孩子的呢？那要看他每天看向孩子们的眼神里，是否有温暖的笑意和慷慨的鼓励；要看孩子们调皮捣蛋甚至是犯错误时，老师能否站在孩子视角，理解孩子的行为，善待孩子的缺点，富有教育艺术地帮助孩子克服问题、获得进步；要看老师是否能够珍视每一个小孩子的创造，小心呵护他们的好奇心和想象力，而不是通过整齐划一的班规班纪让他们变得一模一样。

其次，教室里要有一定的空间和资源，允许孩子们以孩子的方式与这个世界发生交往。教室不是用来装学生的，如同沙丁鱼般挤得满满当当。这样，学生除了和桌椅、课本打交道外，也就只能盯着投影仪和老师那张脸了。这样的教室只能让学生逃离。记得 2011 年 10 月，作为团委书记，我在十一学校全校学生中做了“你最喜欢的十个地方”的问卷调查，结果令李校长特别振奋，因为“教室”第一次成为孩子们最喜欢的地方。为什么长久以来，学生一直无法爱上驻留时间最长的教室？因为，我们没有给孩子爱上它的理由。当一间间雷同的、刻板的、乏味的教室，摇身一变成为“学科博物馆”，丰富的学习资源、多元的学习方式、开放的学习空间，鼓励学生冲破座椅的束缚，与自己、与同伴、与老师、与外部世界自由发生交往时，教室生活从内容到形式均被彻底改变。这样的改变同样出现在一分校的教室里。

最后，教室里的学习生活必须充满探索的乐趣和学习者成功的体验。学生来到学校，绝大部分时间是在教室里度过的，因为这里是学习的重要场所。到底什么是学习、怎样发生学习，我们如何帮助学生爱上学习、学会学习，这是一个系统的、复杂的问题，并非一两句就可以说明白的。但可以肯定的是，只有学习过程充满探索的乐趣，并让学习者能够不断体验到学习新知识、新技能的成功感，对学习者而言，学习才会真正发生，学习者也才会构建起个体学习的意义感。比如，一年级的小泽同学在春天课程里培植了一棵西红柿，于是他每天都会早早来到教室里观察西红柿的长势，用绘画记录下一株生命从弱小走向繁茂，同时，语言、数学、科学、美术等学科的学习以儿童的视角铺开，自由、浪漫而又意义感十足，于是，小泽和这间教室就有了不可割舍的情感；五年级的小博和其他五年级同学一样，非常喜欢星期五的综合课，在他们的教室里，综合课如同魔术屋，不断刺激和唤醒着孩子们的想象力和创造力，架桥梁、搭鸟窝、开面包公司、做真空实验……教室成了学生不断与新世界相遇的生命场。

当然，要想让一分校的每个孩子都不愿意放假，还有很多需要努力的地方，最起码要给孩子爱上学不愿放假的理由。

课程变革不必齐步走

2015年5月20日

今天回总校办事，偶然碰到了一位老友，他一看见我就说："哎呀，艳萍，一分校成长太快了，完全超出我的预期！"我连忙感谢他曾经对一分校提供的帮助。他感慨地说："说实话，一年前，你刚到一分校就搞课程变革，真替你捏把汗哪。你们当时要师资没师资，要教室没教室，每个人心里都七上八下的，咋个搞法？记得我还特意给李校长打电话，认为两校合并先以稳定大局为重，等条件具备了再做课程。没想到希贵校长断然否定，很严肃地和我说：'这样的话不许对艳萍说啊，条件需要一边干一边创造。老百姓都眼巴巴等着学校的改变，老师、学生心里也都盼着，这事儿不能等！'今天看来，希贵校长的决断是正确的！"

他说的是实话，两校合并时，软件、硬件基础都很薄弱，靠什么改变学校？我一直牢牢记着赴任前李希贵校长告诉我的那句话："每位老师都渴望被点燃！"但靠什么点燃呢？仅仅是我的一腔热血吗？肯定不行！"课程改变，学校才能改变"，这是我牢牢记住的第二句话。课程又靠谁去改变？确实少不了校长的因素，但归根结底要靠老师。所以，翻来覆去地追问，最终都会回到"人"的问题上。

也有人替我出主意："你可以做课程，但为降低风险，还是小步走——一年级尝试跨学科主题教学，七年级（初一）向总校学习，搞选课走班。至于其他七个年级，先等等看。”“等等看”，我反复琢磨这句话，等什么、看什么呢？等待师资队伍壮大的那一天？看看试点年级究竟成功还是失败？这些似乎没有什么实际意义。不经历真正的教育实践，尤其是向旧思想、旧理念、旧做法挑战的真刀实枪的实践，老师怎么可能会成长、蜕变呢？十一学校办学理念已然经受了那么多年的现实考验，还需要一分校如此小心翼翼地靠一两个年级的试点来证明它是否可行吗？退一万步讲，难道试点失败，一分校就不继续搞课改了吗？想来想去，我想明白了，课改的阻力不在现实中，而是在人们的心里。与其瞻前顾后，不如勇往直前，充分调动全体老师的智慧和力量，进行学校的综合改革，从管理结构到课程结构到育人模式，一边走，一边探索，在实践中找到一分校的出路与未来。还是那句话，我们不相信自己的老师，还能相信谁？

学校的课程变革，不可一刀切、齐步走。整齐划一的现象往往都是强权下的虚假繁荣，大家似乎脚步一致，思想却横七竖八，一旦风吹草动就会阵脚大乱，溃不成军。思想上的认可与支持最重要，这就是我们平常所说的“信念”。

一分校有九个年级，师资强弱搭配不同、生源构成不同、对十一理念的理解程度不同、国家课程的设置要求不同，这么多的不同，必然需要研究不同的变革点和变革度，既要让各个年级的老师都能“动”起来，还要接近他们的最近发展区，允许他们不同程度地“动”。比如，你不能强迫一个教师构成相对薄弱的年级去做跨学科主题教学，毕竟有些老师因为过去的种种原因，应付自己学科那点儿事已属挑战，哪有能力一下子驾驭主题化的课程，还要跨学科？所以，先要研究清楚各个年级最需要实现、努努力也能实现的目标。比如，新的一年级和初一必须通过先进的课程理念和快速的课程落地，吸引片区内的学生就近入学，成功回流；六年级就要研究一下学生直升、中小衔接的引桥课程；而原有的初中学生底子薄、基础差，可以尝试保留班级制的分层走班，实施个性化的辅导，等等。当然，这些都是课程变革刚刚起步时的“热身操”，对老师有一定的挑战性，但不是遥不可及的目标。经过一年多的探索后，慢慢建立信心的老师们，课程意识被极大唤醒，更高位的课程研究就逐步展开了。

所以，对最初的变革，我们的期待值和定位很清楚，不怕步子迈得小，就怕一步都不肯走。我们不希望仅仅搞个试点，因为如果大多数人站在圈外当看客，就不免对别人的努力指手画脚、泼冷水、吹凉风，这样会动摇做事人的信心和热望。

于是，各个年级分别组成各自的课程项目组，聚焦课程、聚焦学生成长，改变能改变的，改变必须改变的 —— 每个人都忙碌起来。一年后，一位非常可爱的老教师笑嘻嘻地告诉我：“不瞒您说，去年暑假咱们第一次封闭研发时，整整两天过去了，我一个字都没写出来，幸亏有团队支撑，否则都交不了差。今天回过头看看当初编的学习手册，简直无法入眼哪！”这就是老师实实在在的成长，去年费了九牛二虎之力编出来的东西，今年自己就看着不顺眼了。如今，封闭时间还没到，老师们就已经基本上清楚要研发什么、修改什么，并把各种参考资料准备好，一进入封闭地点就能立马开工。

一次，在北京某个教育论坛上遇到一位来自江苏省常州市的校长，他曾经带着几位老师蹲点某课程先进校，学习课程改革三个月，回去后开始推行。他无限痛楚地告诉我，最失误的决策就是将课改年级变成了孤岛。为控制风险，该校长很谨慎地只是在新的一年级做课程改革，其他年级按兵不动。没想到，课改年级很快陷入巨大的舆论压力中，一是参与课改的某些老师本身对课改意义认识模糊，在没有认同的情况下做一件推翻已有经验的变革，内心的抵触与行动上的纠结可想而知；而其他年级的老师为避免卷入变革，在各个场合不断质疑课改年级的问题，还煽动家长情绪。结果学校因压力过大而很快“修正”了变革行为，课程做得不伦不类，成了夹生饭，既挫伤了课改教师的信心，也让非课改年级教师找到了继续按兵不动的理由。现在，再想往前推一步都很难。

一分校为什么可以九个年级不同程度地行动起来，却没有所谓的改革风险呢？

首先，我们是向死而生的。记得初三年级讨论是否进行选课走班这个问题时，一位老师的话，一下子让所有人都放下了负担，她说：“咱们本身就是薄弱校，中考成绩一直倒数，结果再坏还能坏到哪里去？”大家想想，乐了，是这个理儿。

其次，学校扁平化的组织架构，让“分权”与“担责”成为可能。组织结构扁平化从纵向上减少了中间管理层级，让学校决策层的支撑与一线师生的需求直接呼应；从横向上削减了部门数量，将行政力量对老师的干涉降到最小，让学术力量获得更大的生长空间。学校下放权力，将老师放到驾驶员的位置上，获得学术自由的老师们将不再围绕着行政领导打转转，而是组成一个个学术团队，围绕课程、围绕学生成长、围绕工作中的“痛”做研究、搞实践。课程变革成了老师们自己的事情，他们自然就会担责。风险共担后，很多时候就没有了风险。

老师们就在这样的变革中不断与更新的自己相遇。我们也更加坚信，不论老师原来怎样，只要学校给他一个平台，给他鼓励和帮助，唤醒他自我成长的内在动力，他就可以慢慢超越原有的自己。不要强行要求全体教师整齐划一，也不要奢望所有人都在奔跑，有的走得快些，可以带动团队探索得更远；有的走得慢些，可以提醒团队谨慎前行——这才是教师队伍的自然生态。

挖地三尺找资源

2015 年 10 月 23 日

下午三点，我在朋友圈分享了这样一条信息："终于，我们将教学楼的坡屋顶改造成了图书馆，让学校空间资源得到了更充分的利用。童话小木屋、舒适沙发椅、宽敞阅读厅，让孩子们每天享受读书时光。图书馆智能化管理系统，将学生自助借还、图书定位导航、微信查询、实时数据监控等复杂工作全部运用技术简化实现，不愧称作智慧图书馆！接下来的图书采购工程还需要广大师生付出更多的智慧。"

很快，图书馆就成了孩子们最喜欢去的地方之一。两位图书馆老师王丽和李燕，每天都尽职尽责地陪伴在喜欢阅读的孩子们身边。

一分校三十多亩地，容纳 9 个年级的 2000 余名师生，教学空间捉襟见肘。在资源如此紧张的情况下，我们依然坚持课程的选择性，努力为孩子们提供丰富多彩的、满足个性化发展的课程。这对学校的资源统筹能力提出了极大挑战。

资源在哪里？除了内部寻找，还要外部挖掘，而且要有挖地三尺的精神。

在内部如何寻找？一是用心研究每一个空间的可能性，二是鼓励老师能够将自己变成不断更新的教育资源。

对校园内部空间的利用，我们几乎到了吝啬鬼的程度。比如，将原来中学的篮球馆，改造成了一馆三用，早晨和中午是学生食堂，1500 名学生轮流吃饭，其余时间排满了室内体育课，每天下午四点后是各类社团活动的场所，也是学校大型集会的不二选择。在一栋教学楼的外墙上，克服承重等诸多问题，我们将其改造成一面攀岩墙，将攀岩课作为体育课的一个选修模块开设起来。孩子们想学射箭，找遍全校，最后锁定在小学楼坡屋顶的一处空间，挪走跑步机，铺上草坪，挂上帘子，一个相对独立的射箭场地就出现了。小孩子精力旺盛，总在公共空间的沙发上折腾，如何把这股折腾劲引向别处呢？于是，为孩子们建造一个小型游乐园的想法冒了出来。可是地方在哪？中学操场的西南角有一块不规则的狭长的空闲地带，我们就沿着地面形状设计游乐园的造型，一座精巧的攀爬装置就在某个寒假后华丽现身，成为孩子们百玩不厌的大玩具。涂鸦墙、乐高墙、养鱼池、海棠林、葡萄园、火车头等“新事物”，就在师生惊喜的目光中，先后走进孩子们的校园生活。

我们总说，一位老师就是一门课程。在所有的课程资源中，教师是最为宝贵，也是最为独特的存在，其可再生性、能够不断更新的特质，非其他资源所能比拟。学生不断更新的成长需求，成为“倒逼”老师们不断挖掘自身课程潜能的有效机制。美术教师张英、贾茹，本来最擅长书法、国画、油画，现在已经通过各种自修方式提高了课程开发能力，先后将蜡染、烫画、民间美术、首饰设计、服装设计等艺术形式引入课堂，还积极寻求技术学科的合作，进行跨学科的艺术创作；美术教师孙玉芳、王鹏、李思营几位老师开设的“艺术创想”课程，每个学期回收利用不同的废旧材料，带着学生们变废为宝，进行系列艺术创作，将小学楼坡屋顶运用“装置艺术”手法创造出来一处美轮美奂的艺术馆；音乐教师杨静、沈娟、周克娜、谢园、张宏强，从原来的只教孩子们唱歌，到现在能够开发出多个深受学生喜欢的戏剧模块，并创造性地引入奥尔夫的艺术形式，转型过程中的酸甜苦辣他们深有体会；数学老师姜维、刘婷婷、徐妍、许楠、岳巍巍加入学校的高端课程工作室，一直苦苦思考如何对资优生的高阶思维进行培养，于是有了多媒体互动益智测试课程的引入，让学生的思维看得见，让个别化教学更有的放矢。

每位老师在过去三年的学校发展中，都不同程度地打破自己，认识自己，再造自己，让教师这个角色在崭新的学校形态下被重新定义。

挖掘外部资源，首先要高度聚焦，就近挖掘，让学校周边资源成为学校教学空间的有力延展。比如，盘活附近某单位停车场，将老师的几十台车全部转移进去，校园里就可以多放下二十个乒乓球案子；利用社区的羽毛球馆、冰球馆、游泳馆，让这三个体育模块以更低的成本开设起来，以满足孩子们多样化的特长爱好。我们努力充分盘活北京市内可以吸纳进课程的社会公共资源，助力学校课程的对外延展性和开放性。比如，我们对北京市各类博物馆、艺术馆、科技馆、植物园、实践基地，以及各大科研院所、高等学府、创新基地等，进行系统分析，寻找与我校课程的连接点，并通盘设计，利用一年两次、每次一周的游学课程，将校内学习与社会实践打通，使它们成为学生将知识转化成能力、素养的有效载体。

办学校，做教育，不能只把目光局限在脚下的一亩三分地，更不能怕麻烦，借口各种困难而不做事情。事实证明，当我们所做的一切都是为了孩子时，世界都会为我们让路。

不可绑架学生道德成长

2016年1月3日

这是今天19:30我在微信朋友圈里发的一条状态："元旦后上班第一天，中考选考科目之历史、地理、政治、物理、化学、生物六大学科共同举办教研沙龙，聚焦新中考政策下的种种挑战，紧扣学生成长利益步步剖析，敢于质疑，相互点拨，寻找策略！我们是成长共同体，唯有携手同行，才能走得更远、更坚定！"发这条状态，主要是因为兴奋。面对一场新的挑战，能够将问题和应对策略想得比较清楚，真的很值得庆祝。

两年后即将到来的北京市2018届中考政策与之前的相比，考试科目设定有了重大变化。语文、数学、外语仍为必考学科，而原来不参加中考的历史、地理、政治、生物四科，与原中考学科物理、化学都成为选考科目，学生根据自己的兴趣爱好、学科专长可以从中选择一文二理，或者一理二文，与语文、数学、外语形成中考的组合拳。在这样的考试政策下，让学生选择适合自己的课程选课走班成为必然。显而易见，十一学校及其所创办的盟校，已经提前数年走在了前面，与中考、高考改革的趋势不谋而合。新中考政策让这么多的学科成为选考科目，怎么教、怎么学、怎么考的问题自然成为头等大事摆在老师们面前。

很快，课堂上就出现了令老师头痛的现象：当有些学生一旦确定某学科不作为中考科目时，心态就发生了改变，各种不重视的行为屡屡发生。老师教学上的无力感，学生学习上的无趣感，令双方都很痛苦。

如果将这个现象简单归因为“非中考学科，很难有学习动力”，未免牵强。过去那么多年，一直作为非中考学科的历史、地理、政治、生物是如何进行教学的？难道不中考，学生就不会好好学吗？老师们经过几轮头脑风暴，认为以下两个问题亟待解决。

第一，授课教师对课程价值缺乏深入理解，容易受到学生取舍行为的左右。一旦学生不选择某学科作为中考对象，该学科教师的教学自信就开始动摇，和学生之间难以通过课程实施建立学习的共振关系。其实，学校开设的任何一门课程，老师都有责任帮助学习者建构其学习的意义，这是产生积极学习行为的基础。

学生是否重视某一些学科，并非完全出于“是否中考”这一标准。即便有这样的认识，很大程度上也是受任课教师学科定位的影响。教授非中考学科的教师需要认真思考如何让学生能够在我的课堂上有收获，继而研究如何进行课程内容的重组、实施方式的创新以及评价手段的多元，以充分调动学生学习该课程的积极性。即使未来不选做中考科目，学生也能通过该课程的学习，了解这个学科的本质，建立起该学科视角的思维品质。

第二，在课程实施过程中，没有很好地发挥课程评价的功能。学生在课堂上学什么、怎么学、学得怎么样，如果缺乏学习目标的引领和课堂评价的及时诊断、反馈，即便是中考的学科，也无法点燃学生的参与热情，更何况是不中考学科。一旦学生无法深度参与课堂，很快就会对课程本身失去兴趣。

通过一段时间紧锣密鼓的研讨，最后大家一致决定，进一步明晰中考、非中考学科的课程定位，挖掘其课程价值，帮助每一个学生能够将个人成长与课程价值之间建立意义连接；将课堂学习的自主权交到学生手中，运用主题探究、项目研究、小组合作、线上自主学习、实验、考察等多种方式进行课程实施；建立科学的过程性评价指标，引导、管理、诊断、反馈、调整学生的学习过程，让学生学会为自己的课程选择负责。

老师们决定借鉴《道尔顿教育计划》中学习契约制的基本精神，与孩子们签订非中考学科的学习契约，以唤起他们的责任意识。

相关年级很快拿出了第一稿学习契约，并提交课程委员会研讨。大家认为，非中考学科的课程定位是比较准确的，但在“学生契约责任”上产生了很大分歧。制定方案的一方认为，要把约定的重点放在课堂纪律上，没有纪律的保障，再好的教学设计也无法实施。基于这样的考虑，有老师建议建立学生“道德银行”，违反任何一条课堂常规都会从该学生的道德银行中扣除分数，累计到一定程度不但影响课程结业，也会对个人参评各类荣誉造成影响。

课程委员会大部分老师不赞成这个举措。第一，这不是学习契约，而是单方强制学生接受的纪律警告单。第二，学习行为不能和道德成长绑架在一起，它们是两回事。第三，不要在我们已经实施的课程评价之外，再多一套评级体系。这样重复的劳动，既疲劳了老师，又压坏了学生。第四，需要重新审视为何要制定学习契约，悬置方法，追问目标。

经过一番争论，大家对学习契约的目的有了更为清楚的认识，它指向的是学生学习品质的培养，旨在管理学生的学习过程，要求学生为自己的学习结果负责，和道德评价无关。这一点达成共识后，整个学习契约的话语风格大变，不再是咄咄逼人的要求和惩戒，而是站在帮助学生更好地学习与进步的角度，充满了对学生的激励与信任。老师、学生作为学习共同体，需要按照约定完成学习计划，为学习过程和学习结果负责。当然，老师和学生各自承担的责任又各有明确规定。

学习契约只是手段，不是目的。我们聚焦的是学生学习品质的培养，而不是道德问题。为了学科还是为了学生，这个弄清楚了，事情也就能做对了。老师们就是在这样的团队研讨中，不断明晰、坚定着我们的价值选择的。

一次数学考试命题引发的课程创新

2016 年 2 月 24 日

还有两天就开学，老师们已经提前“上班”做准备。下午三点钟，我应邀参加四年级数学组上学期期末成绩分析会。数学老师们的集体反思让我惊喜、振奋，且感动。上学期期末的小学考试全部采用外校命题，我们委托的是北京市亦庄实验小学的名师们。没想到考试卷一发下来，大家就慌了神，连说超纲。出来的考试成绩不那么理想，抱怨声还是比较大的，责怪外校老师没有好好研究我们的命题标准。我当时也听说了这件事，通过学部主任吴静——一位兼具仁厚大姐气质与干练局长风范的女干部，安慰大家，考试的目的不是分数，而是借助考试反观我们的教学，希望大家把焦点从“分分计较”转到“命题研究”上，看看是不是真的是超纲导致分数不理想，还是别的原因。一个假期未见，老师们分析问题的角度和对下一步课程规划的高度，竟然超出我的预料。

四年级数学组的几位老师都是实实在在、勤勤恳恳的人，作为备课组长的陈群芳老师，更是说话不绕弯的直肠子。她说:“这个假期过得实在太痛苦了，吃饭、睡觉都在琢磨到底问题出在哪儿！有那么几天我都想退休算了！”大家哈哈大笑，她也笑。宋新颖老师接着说:“我们几个假期里还在通电话，整天对着特级教师出的这份卷子嘀咕，还迫使自己看了一些数学名家写的书，慢慢这根筋就转过来了，由最初的抱怨、不接受到现在的接受，甚至高度认可，确实是一个太要命的自省过程。”陈群芳老师马上接过话茬说：“人家不愧是特级教师，命题太高明了！知识点绝没超纲，全在我们给的命题标准里，挑战在于学生是否能够活学活用，学以致用。我们很多孩子失分就是因为缺乏这个能力。那么，这个问题是因为学生还是因为我们老师？毫无疑问，我们的教学有问题，数学课需要打破学科知识本位，进行新的探索。”

听到这里的时候，我的眼泪差点夺眶而出。陈群芳、宋新颖、客楠楠三位老师战胜了人性中的本能，拿自己开刀，直面问题，不但从学生考试暴露出的薄弱点诊断教学中的问题，还能从命题的高明处探寻未来的教学方向。这样的反思，不仅仅需要勇气，更需要打破思维定式，透过现象看本质，本着实事求是、科学的态度来治学、做教育。说实话，这对已经在这个校园里工作了二十几年的老教师来说，不亚于一场自我革命。

几位老师又提出这样的想法，学生需要找到学习的意义，我们必须从“书本中的数学”走向“生活中的数学”！用“灵魂出窍”形容我当时的震撼一点不为过。她们接着说：“教给孩子数学知识不是教学的终极目标，而是知识背后数学思维能力与实际问题解决能力的培养，这不就是‘学科核心素养’向‘学生核心素养’的转化吗？”听到这段话，我激动地一下子站起来：“老师们，你们怎么做到的？这样的认识，天哪！”她们几个又笑了起来：“校长，书我们也不能白看哪！三个臭皮匠，顶个诸葛亮！”

我在当天的日志中写下这样的感受：“如果我们的老师都能够通过成绩分析和数据研究，针对学生的成长需求挖掘到‘课堂教学’‘课程延展’‘核心素养’等多维度的提升策略，那真是教师专业能力与教育素养的大跨越。”

一年之计在于春。这场讨论为2016年的课程结构优化开了一个好头。很快，三、四、五年级各个学科的老师先后卷入这场讨论，对“打破学科知识本位”“回归生活”“立足实践”“基于真实问题的解决”“指向学生核心素养落地”等问题进行了深入聚焦。

3～5年级，延续一、二年级的课程主题化特征，构建主题课程下“分科＋跨科”的课程结构。这个结构调整，包括课程目标定位、课程价值梳理、课程内容整合、实施策略与评价的建立，由模糊到清晰，大概历时一年左右，慢慢在老师的头脑中生长出了一个可操作的模样。每学期大概有三个或四个主题，牵引全部学习的展开。四天分科教学，周五一天跨学科综合。星期五成为这三个年级的孩子最盼望的一天，可以走出校园，走进北京各大公园、博物馆、名胜古迹，甚至通过课时调整，走出京城，走向蔚蓝的大海和广袤的原野。当三年级的孩子们兴致盎然地运用数学、物理、历史、地理等知识与经验，研究金字塔建造的奥秘时，当四年级的学生竟然在这样的课程中横跨数学、语文、技术、艺术、商学、经济学等领域开办面包公司，进行市场调研、商品定位、核算成本收益，并成功游说我成为他们的形象代言人时，我们不得不一次又一次惊叹课程的巨大魔力。课程能让一个个普通的小孩子变得不同凡响，想象力、创造力、责任感等这些抽象的素养名词，在这样充满无限可能性的学习过程中，全部看得见，摸得着。

以此为开端，在一分校的学科课程中，我们增加了综合实践性课程，形成知识类学习与实践类学习的融合、静态类学习与活动式学习的兼容，让课程引领学生经历学术训练式学习，也经历实践体验式学习，达到书本与生活、知识与实践、学习与资源、课堂与世界的高度对接、共振。

教育是将“天赋”和“伟大”引导出来

2016年9月20日

中午，在学生食堂，一个小男孩奔过来，抓住三年级数学老师姜维，追问$\frac{1}{3}$和$\frac{1}{2}$哪个大，捎带手还和我打了一个招呼。姜老师反问他：“你说呢？”小家伙话匣子一下子打开了，滔滔不绝，逻辑清晰，什么分子相同、分母不同怎么比较，分母相同、分子不同怎么比较，分子、分母都不同又怎么比较。如果我没记错，通分应该是五年级才学的内容，这位牛楷方同学刚读完二年级，竟然对五年级的新知识充满探究乐趣。所谓的知识体系，在一个孩子旺盛的求知欲下土崩瓦解。

新三年级本学期的综合课程将要带领学生们从不同视角探究自然，为此老师们精心编写主题单元，选择课程内容，设计核心问题，提供学习资源，多学科围绕同一个主题开展教学，孩子们的思维随着有趣的探索一步步打开，学习热情高涨，围追堵截各个学科老师探讨问题成了家常便饭。关键是，追问的很多问题都“超纲”，搞得老师连呼“招架不住”。很佩服姜维老师当时的那句“你说呢？”，他从孩子兴奋的眼神里，就猜到了小家伙压根儿不是问，而是想炫耀自己“会”！

苏霍姆林斯基反复强调一个观点，成功的欢乐是一种巨大的情绪力量，它可以促进儿童好好学习的愿望。我们无论如何不要使这种内在的力量消失。缺少这种力量，教育上的巧妙措施都是无济于事的。那么，在学校里，如何让孩子们体验成功的欢乐、感受学习的美妙呢?

每个孩子的天性、禀赋各不相同，智力结构各有千秋，如果只用一把尺子衡量学生，用一种方式灌输教育，学习就会变得毫无乐趣可言，很多孩子就会因不断遭受挫败而成为所谓的“后进生”，学校也就成了成长的灾难所。尊重差异，相信每个人都有潜质，提供丰富的课程，支持多样的学习方式，让每个孩子拥有更多自我发现、自我唤醒、自我成长的机会，是学校必须承担的教育责任。

镜头一：一年级的某节数学课。代素慧老师和上节课的语文郭慧萍老师一样，继续围绕“海洋课程”展开教学。她利用绘本故事《哪吒闹海》中“陈塘关之战”创造了一个数学问题的情境。一张战斗值对比图和一张作战计划书，将所有孩子卷入思维大战。重点不是学会33–8=25，而是通过思维推导弄清为什么结果是25。这样的思维训练如何做到可视呢？iPad能很好地发挥思维直播的功能。而另外一座教学楼里，八年级数学高远老师，七年级历史曲彦霞老师、闫红卫老师，正在尝试运用iPad调动学习资源，全程跟进学生的学习过程，随时根据数据反馈了解学生问题的节点，以实现一对一的指导帮助。

镜头二：一年级的某节语文课。老师们以“春天里做一件美丽的事”的课程宣言，开启了美妙的“春天课程”。万物醒、小草绿、花儿红、鸟飞回、风筝飞、草木染六个话题单元，唤醒了每一个孩子对春天美的感受。这节课是60分钟的长时段课，“小百灵”班的江秋燕老师、“红苹果”班的齐慧老师正带着孩子们用捡来的各色花瓣制作“花仙子”，并在画作的旁边创作诗歌，不会的字可以用拼音或者符号替代。每个孩子兴趣盎然且沉浸其中。这不是单纯意义上的语文课、美术课或者手工课，而是跨学科主题课程下的“儿童课”。花仙子、花瓣、诗歌、生活流畅地融合在一起。“花仙子，你是谁？为什么落入凡间，唤醒了人间的美！”这首出自小百灵班崔政勋同学的诗歌，让我再一次惊呼，每个孩子简直都是天生的诗人。

镜头三：志远楼一层大厅。下午第一节课的预备铃声已经响过。一个小男孩背着书包，满头大汗跑进教学楼。询问情况得知上午发烧请假了，下午跑来上课。“孩子，发烧了一定要好好休息。”我叮嘱他。“可是，艳萍校长，今天下午有徐希阳老师的科学探究课，我喜欢上，不想耽误。”能让一个二年级的孩子不顾病痛、痴迷忘我，我想这是课程魅力的至高境界吧。融科学、技术、工程、数学于一体的小学科学探究课，正以崭新的课程样态，点燃孩子们的好奇心与探索欲望。

镜头四：二年级的某节语文课。蒋鸢春老师这节课较好地实现了语文素养的培养和高阶思维的训练。中外三个版本的“灰姑娘”，本课运用情节链这个工具进行比较阅读，训练孩子综合三个版本的故事梗概以提取关键信息，绘制成一幅童话创作鱼骨图，并提炼出细节描写的三要素，为孩子模仿创作属于自己版本的灰姑娘搭建了脚手架。难怪蒋老师这个班的孩子会有如此旺盛的创作力，除了平时大量的阅读和观察外，还因为蒋老师非常注意提供思维工具和创作脚手架。因此，尽管只是二年级的小朋友，这个班的学生自行创编一个绘本，甚至是写千字文，已经不是一件很难的事情了。

镜头五：我的办公室里。一个叫陈嘉泰的四年级小男孩，正在使出浑身解数游说我，让我做他们产品的形象代言人——四年级的“种子课程”进入商业实战阶段！孩子们在课堂上磨制面粉、自制面包，并成立面包公司，要在校园内售卖他们的产品。于是公司创始人陈嘉泰，这个长着一双清澈大眼睛的男孩，开始打我的主意：为他自制的纯真牌面包做代言。我字斟句酌他起草的代言合同，千叮万嘱他的面包质量，结果他的一句“诚信，是一个企业立足的根本”，让我立刻缴械投降，不再废话。孩子知道的远远比我们想象的多。

佐藤学说，儿童的学习与发展是依存于情境（与环境的关系）而千姿百态的。一分校丰富的、适切的、可选择的课程，给孩子们打开一扇又一扇门，原来他们只能看到60平方米的教室，现在眼光可以看到更大的世界，生命的成长样态呈现出无限可能性。连我们的老师都说：“瞧瞧，瞧瞧，孩子们的眼睛都是亮的！”这里多么富有神韵的一句概括。

三年级一向缺乏自信的小敏，在语、数、外的课堂上几乎沉默，却凭借自己的绘画强项在跨学科的综合课程中“一举成名”，成为小组合作时被同学们争抢的对象。四年级非常腼腆的小宇，因家庭原因几乎很少接触电脑，对编程一无所知，选修智能机器人模块一学期后，不但成为编程高手，还代表学校参加北京市机器人比赛。八年级学习一直漫不经心的小聪，却在3D打印课上如痴如醉，快速掌握软件技术，制作出的模型成为老师爱晒的上乘佳作，由此大大迸发学习热情，成为各科成绩全面飞跃的典范……

学校就应该是一个让学生不断发出惊奇和赞叹的地方，让孩子们带着一种高涨的、激动的情绪从事学习和思考，经常在某些方面体验到成功。比如，我们每年年底都会在校园狂欢节上，向全体学生承诺十件事，并在新的一年里竭尽全力将其变为现实，可以是开设新的课程、改造学习中心、修建小剧院，也可以是增设奖学金项目、为学生搭建展示才华的平台，等等。总之，努力让每个学生都能对明天的校园生活抱有热望，对可以成为更好的自己充满期待。承诺容易，兑现的过程充满挑战。资金、师资、政策等诸多方面都有很多不可控因素，但为了学生，一切困难都能克服，关键是不放弃努力。每个学期都有很多新奇的课程和富有趣味的挑战在等着孩子们，每个孩子都有机会在自己喜欢的事情上施展想法和创造力，一个个鲜活的生命个体就这样蓬蓬勃勃地生长起来。

英语“教育”（education）这个词的拉丁词根是“educare”，它的意思是提取。《选择学习 —— 为成功而教》一书反复强调这个观点：“教育的过程，就是把已经存在于学生内心的精华提取出来 —— 去扩展积极的特征、天资和才能来塑造这个学生。”实践让我越发相信，其实伟大也好，天赋也好，它们本来就在那里，沉睡在每一个人的身体里，好的教育只是把它们给引导出来而已。

一次运动会可以发生什么

2016年9月30日

今天，一分校老师又开始集体刷屏，微信朋友圈实况转播学校运动会。家长朋友和我开玩笑说：“今天工作效率极低，全部心思都在刷朋友圈，你们的运动会太有趣了。”学生中心的田艺伟老师用这样一段话概括本届运动会：“课程再升级！跨学科大融合！工作就是游戏，学习就是生活！做到难不难？难！一分校的老师敢挑战、乐尝试，关键是永远团队作战。又一次课程创造的大突围。而这仅仅是开始。”

还记得我上学时的运动会，从形式到内容，“年年岁岁花相似”，即便到十一学校工作后，头几年的运动会与我读书时经历过的相比，也不过是“岁岁年年人不同”罢了。队列入场式后就是田径项目比赛，无事可干的学生就坐在观众席上有一搭无一搭地看比赛、看书、偷吃零食。2008年十一学校秋季运动会来临前，李希贵校长提出，能否将运动会设计成一门课程，让学生在校的三年或者六年，每年经历的运动会都不一样。于是，校团委发动全校师生，智慧众筹，研发了三年一个系列的主题运动会课程：第一年“奥林匹克”运动会，一个班代表一个国家；第二年“世界民族”运动会，一个班代表一个民族；第三年“五洲城市”运动会，一个班代表一个城市。每年的运动会在不同主题的牵引下，拥有了不同的面孔和内涵，也引发了学生不同程度的项目学习和文化探究活动，体育比赛项目围绕主题进行多样化创设，力争让更多的学生参与进来。

一分校成立后，我们就一直琢磨，作为重要育人载体的运动会课程，在内涵上还可以向哪些方面深入挖掘，在形式上还能进行怎样的创新。我将这个挑战抛给了学生中心。他们带领学生经过近一个月的反复研讨，最后规划出连续四年、春秋两季共八场的运动会课程。

2015 ~ 2018 年运动会课程主题规划表

第一学期：秋季（学术性）	第二学期：春季（趣味性）
历史主题：历史长河	艺术主题：致敬经典
文学主题：传奇故事	科技主题：探索发现
文化主题：民族文化	社会主题：职业大观
自然主题：绿色星球	游戏主题：ACG 风云

八大主题的确立，基于以下思考。

第一，学校的任何课程都不是凭空创设，而是直指学校的培养目标，为学生的成长服务。我们要培养智识圆通、行为方正、志存高远的学生，就需要研发包含这些核心素养的相关课程，帮助我们的孩子更好地认识自己、认识社会、认识历史与文化、认识民族与世界，从而更好地认识自己与世界的关系，做好职业规划和人生规划。

第二，学校的课程需要系统设计与实施，碎片化的呈现无法实现科学育人和学生生命的完整生长。秋季运动会的四个主题是有内在逻辑的，“历史长河”拉开人类源远流长的宏大发展背景；“传奇故事”开始将视角定位在影响历史进程的传奇人物及围绕其发生的传奇故事；“民族文化”再次将研究视角从个体上升为一个民族集体人格的高度，人创造了历史，创造了文化，文化反过来又是如何影响、塑造人；“绿色星球”是站在人类理性的视角，从历史走出，回归现实与未来的使命，如何捍卫我们的共同命运与家园。这四个主题走学术路线，鼓励学生围绕主题展开相关的学术研究和实践探索。比如，“历史长河”主题，就是每个班，或者社团，或者兴趣小组各截取人类历史的一段，通过聚焦其中某个具体领域，如先秦文学、汉代服饰、丝绸之路、文字狱等进行项目研究，从而更加深入地了解这段历史，所谓“窥一斑而知全豹”。春季运动会走趣味路线，就是更加注重动手创作、实践体验，通过游戏化、趣味性的课程设计，激励学生全程参与。不论是春季还是秋季的运动会，在深度围绕主题进行内涵挖掘的同时，不会丢掉体育精神的弘扬。毕竟是运动会嘛，只不过很多竞赛项目的设计会与主题紧密呼应。比如，“致敬经典”主题运动会，一年级师生选择致敬经典《西游记》，项目名称就出现了“多宝莲花洞 50 米跑”“传递经书 25 米迎面接力”“智脱盘丝洞 30 秒钟跳绳”“三打白骨精投沙包”等巧妙设计；二年级选择致敬经典《格林童话》，“争分夺秒救公主 50 米跑”“魔法棒 25 米迎面接力”“小红帽大战大灰狼投沙包”等项目，将孩子们继续牢牢吸引在童话的世界里；七年级选择致敬经典《水浒传》，于是“冲州撞府 50 米跑”“神行太保 200 米跑”“浪子逐燕立定跳远”等好玩的名字，让每项比赛都充满了画面感。

第三，课程联动，消除德育课程与学科课程的人为壁垒，打造跨学科整合、全员育人的综合实践课程。一直以来，中国基础教育的组织架构，不论是上级行政机关，还是基层学校，都把德育与教学分开设置，尽管出于多种理由的考虑，但归根结底是为了方便分口管理。试问，哪个孩子来到学校，还要区分一下我今天接受的教育是德育方面的还是学科方面的？学生的生命成长完整而连续，无法分割。那种你管头我管脚，各自画地为牢的管理模式，是违背教育规律的。所以，学校的机构设置不应该为了管理方便而擅自割裂课程联系，割裂学生教育，课程联动，全员育人，才是对学生成长权的最大尊重。

我们的运动会就是教导处（原德育处与教学处合并为教导处）牵头下的跨学科联动课程。比如，春季的“致敬经典”运动会，开学初就将课程方案讨论稿发给全体老师，大家结合本学科课程实际进行有机整合。1 ～ 9 年级的语文学科，会结合世界读书日以及主题运动会，开展经典著作分级阅读系列活动；数学学科会开展经典著作中的数学问题探究；艺术、技术课程会鼓励学生以不同的艺术、技术手段表达他们对经典的理解，而且两个学科的整合非常深入；历史、地理、生物等其他学科会跳出学科本位，以全科视角研究这一主题，经常进行跨学科备课，鼓励学生通过项目研究综合调用多学科知识进行探索，并和春季各个年级的游学课程结合起来，走出校园，走进经典诞生地，实地进行人文探究与科学考察；体育学科系统研究古今中外的经典体育项目，将运动与传统文化相结合进行比赛项目的设计。

围绕一场运动会，所有学科联动，教育的合力就这样产生了。孩子们每天的学习与生活高度融合，彼此咬合在一起，心、脑、眼、口、手都在为同一件事而努力协作，学习的意义感高度凸显，学生身心合一、内外和谐。

为何不能取消小学段

2016年10月15日

吃午饭时，和一位初中老师聊天，他说："我们这一届中考科目增多，孩子们的学习时间非常紧，需要抢一些时间出来。"我问："从哪里抢？"他犹豫了一下，也许觉得不妥，但还是说了："每个学期都有两周的小学段，一周外出游学，一周自主规划。虽然自主规划学生挺喜欢，但效率参差不齐，其实挺浪费时间的。不如把这一周变成年级统一安排课程，学习效果定会大幅度提升。"我没正面回答，只是说："先想想我们为什么设立小学段吧。"

为满足初中学生个性化的学习需求和综合课程的拓展学习，学校在两个大学段之间设置小学段，小学段为期两周。其中一周，用于个性化的学习安排，学生可以根据自己的学习情况制订学习规划，进行自主学习。对学习基础较弱和学习存在问题的学生，年级在小学段开设辅导性的援助课程。小学段的另外一周，在校外进行游学课程的学习。

期中考试一结束，为期两周的小学段开始，孩子在导师的指导下制订规划，细化到每一天每一个时段的时间安排。学生非常喜欢小学段，一是可以自己安排在校的学习生活，二是可以和同伴们走出校园，到全国各地去游学。总之，相对于平时的学习节奏，小学段更鼓励学生自主规划、自主管理。

初中老师的心中一直有条暗线——中考成绩！它无时无刻不在牵动着老师们的敏感神经，他们会时不时对正在做的事情进行利益权衡——这对提分有用吗？如果暂时看不到来自成绩提升的实际效益，坚持做的信心就会打折扣；并且，很多老师深信成绩的取得与时间的投入是紧密相关的，挤时间、抢学生一直是大家不会摆在桌面上说的“潜规则”。作为校长，我非常理解并为老师们的敬业爱校感动，为了学校荣誉不计较个人的辛苦付出，实属难得。但有时候，当发现大家为了成绩而不得不牺牲学生其他成长利益时，是需要给老师们一个很清晰的取舍标准的，这个标准就是我们的教育价值观。

很快，我收到了这位老师的短信，他说：“我想清楚了！小学段的意义在于帮助学生养成自主规划、自主学习的良好品质。不放开学生，学生就永远无法学会独立行走。取消小学段，我们或许保住了眼前的中考利益，但损失的是孩子可以享用一生的成长利益。”我立刻回复：“谢谢！”

我们将“创造适合学生发展的教育”写进了学校的行动纲要，作为引领全体教职工开展教育实践的价值观。写进一份文件容易，在现实中坚定而正确地落地则是另外一回事。很多时候，我们的章程起草得非常漂亮，口号也说得山响，但老师们却照旧不买账，该咋干咋干。为何？老师们往往是向上“察言观色”后才去决断如何向下落实的。如果校长没有通过实际行动证明学校的主张，亮明学校的选择，老师们就没有办法相信那些文件和口号。一句“谁信啊”可以抵消一切激动人心的愿景规划。

四个月后的某次午饭时，我和初三的几位老师坐在一起，谈论近期的学生状态，大家说明显发现孩子们真的长大了，比起初二的时候，自主学习能力大大提升。一位老师很认真地看着我说：“你知道吗？校长，其实关于取消小学段增加上课量的提议，是多个老师提出来的，也包括我。我们以为中考成绩的压力会让你妥协呢，没想到你还真扛住了。目前来看，让孩子学会自主学习是对的，小学段把学生放开也是对的。”她这段话，着实让我内心惊了一下 —— 庆幸自己当时坚持住了，否则一不小心就成了抛弃学校主张、急功近利的反面典型了。

其实，我应该感谢那位用短信回复我的初中老师，没有他帮我进一步想清楚，支持我们最初的选择，也许我也很难坚定地捍卫到底。支撑我们坚持初衷的是这把价值尺子 —— 想清楚是“为了学校还是为了学生”。取得好的中考成绩，对学校来说，有里有面，与家长好交代，与社会有证明，关乎学校的声誉。但与学生呢？同样是 100 分，获得的方式可以截然不同，一种是“不问西东”的题海战术，一种是启动自我系统的自主学习。我们要哪一种？我们的教育价值观不允许我们通过剥夺学生的自主发展而获得中考胜利。我们要始终保持清醒，要用到底是“为了学校还是为了学生”这把尺子量一量，用它时刻鞭策我们恪守信念，不忘初心，办一所真正“为了学生”的学校。

九年一贯，“贯”的到底是什么

2017 年 11 月 28 日

今天上午，在海淀区召开的 2017 年小学教育工作会上，我代表一分校做了 12 分钟的发言，题目是“九年一贯，课程滋养生命”，基于三年多的课程实践，系统回答了这个问题，九年一贯制学校，“贯”的到底是什么。

一分校，作为九年一贯制的学校，从三年前诞生开始，我们就不断琢磨，这个一贯，“贯”的到底是什么。

小孩子 6 岁进入一分校读书，直至 15 岁初中毕业离开，整整九年的青少年时光在这里度过。我们必须怀着敬畏之心研究这个问题：九年，我们要培养出一个什么样的孩子？

目前，国内的九年一贯制学校，大多是一校两部的机构设置——小学部和中学部，在课程安排、师资培养、干部配置以及日常教育教学管理上，往往是铁路警察各管一段，最明显的优势似乎就是通过一贯直升，省去了小升初的择校环节。

将完整的九年一贯制割裂成小学部、初中部开展教育工作，很大程度是出于管理的需要。跨度九个年级，学生的年龄结构、身心特点、认知能力、教育重点、课程安排等各不相同，分段管理一定程度上确实降低了整体管理的难度和风险，但也造成了小学和中学教育的泾渭分明。虽然同属一所学校，但却是你干你的，我干我的，面对孩子完整的接受义务教育的九年，小学与中学一直在背对背做事情。于是，在习惯养成、个性发展、能力培养、人格塑造以及课程实施等诸多方面，缺乏贯通研究、系统设计，造成大量的重复工作或者“夹生饭”现象，浪费孩子生命，割裂学生成长。

九年一贯，到底“贯”的是什么？

“贯”的是课程。6 ～ 15 岁，孩子感知世界、学习新事物的方式因年龄段的不同而存在巨大差异。哲学家、教育家怀特海把人的认知过程分为三个阶段，即浪漫阶段、精确阶段、综合阶段。浪漫阶段积累感官经验，精确阶段将感性认识上升到理性的概念层面，综合阶段就是运用知识。在灵活运用所学的过程中，人的视野不同了，就会产生新的好奇、新的浪漫，综合阶段应该是更自由的浪漫。一分校取消小学部、初中部的划分，将 1 ～ 9 年级看成一个连续的教育过程，全体老师要全程关注学生在校九年的成长。于是，在课程研发过程中，中学、小学老师有意识地打破学段界限，打开学科壁垒，充分尊重儿童成长和认知规律，面向孩子在校成长的九年，在执行国家课程与学时计划的基础上，围绕学校的培养目标，上下贯通，统筹设计，借助主题加强学科间的联系与整合，搭设每个孩子从书本知识到实现世界的桥梁。三年时间，我们勇敢打破分科教学的课程结构，重构出一套更适合我校 1 ～ 9 年级学生发展的课程体系。

一、二年级的课程将儿童生活全部卷入，弱化学科界限，在一个个主题的牵引下，实施“跨学科”学习与实践；三至五年级延续课程主题化，通过“分科 + 跨科”课程结构设计，实现“分科精准教学”与“跨科综合实践”相辅相成；六至九年级的学生思维方式和智力倾向的差异日益明显，对自己兴趣和特长的判断也更清晰，这就需要充分满足学生学业发展和技能成长的多元需求，增强学生对课程的选择权，对国家课程进行“分类、分层、综合”的校本化重构，实施选课走班。

实践是课程最美的语言。学校课程实施方式其实是孩子们与世界打交道的方式。

“贯”的是教育，是成长。教育即影响。孩子在学校生活整整九年，我们所倡导的教育主张、做出的教育行为、营造的教育环境，时刻影响着学生的成长。我们希望从这里走出的学生，要具备怎样的品格、理想、心胸见地、价值追求，除了家庭教育的影响外，关键也取决于我们给了孩子们什么样的校园生活。

一分校首届教代会第三次全体会议上，我们围绕“培养什么样的人”展开深入讨论。坚持立德树人和学校秉承的教育价值观，以发展学生的核心素养为基本出发点和落脚点，大家达成共识，明确提出一分校的培养目标：志远意诚、智圆行方。

我们把八字培养目标具体解读为“有理想、有担当、有意志、有诚信、有智识、有主张、有规则、有修养”，共八大素养。这八大素养与国家提出的“文化基础、自主发展、社会参与”三个大维度紧密呼应，是一分校对中国学生核心素养的校本化表达。（见图 1）

图 1 “龙娃成长课程”培养目标与核心素养的对应关系

语言、数学、人文、科学与技术、艺术、体育等领域，属于学业课程；

将德育课程整合、创新后纳入学校课程体系，属于综合实践课程。我们将学校这套重新架构完成的课程体系命名为“龙娃成长课程”。（见图 2）

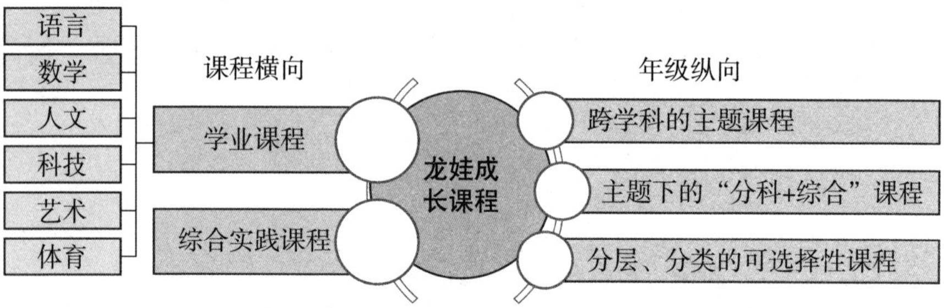

图 2 “龙娃成长课程”基本架构图

“龙娃成长课程”体系中的综合实践课程，围绕八大素养“有规则、有修养、有智识、有主张、有意志、有诚信、有理想、有担当”，对 1 ～ 9 年级学生分阶段、分梯度地进行了螺旋上升式的九级成长目标与课程载体的设计。比如，“有规则”的要求和表现，各个年级的孩子是不一样的，不能拿九年级孩子的标准来要求小学的孩子，也不能拿四、五年级孩子的标准要要求一、二年级的小朋友。由于定的标准不同，设计的课程载体和评价方式也不同，但核心理念是相同的，即“适合学生的发展”。

教育的目的即“人的成长”。通过九年完整的生命体验，我们努力让每个孩子能够拥有健康的身心、丰富的情感、活跃的思维、广博的智识，并能够认识到生命的可贵、生活的意义，敢于并乐于承担时代赋予的使命，做更好的自己，做有益于社会的人。

第四辑

赢得学生，而不是赢了学生

良好师生关系是教育发生的前提，当我们讨厌我们的学生时，教育还未开始，就已经结束了！

建立良好师生关系的主动权掌握在老师手里。我们是否愿意微笑着回应学生，是否愿意平等沟通，是否愿意倾听学生的烦恼，原谅他们的错误，帮助他们解决困难，都在具体而微地构建着彼此的关系。

老师“处心积虑”要做的事情，不是与学生斗智斗勇赢了他，而是以爱、包容和帮助赢得学生的尊重、信赖和认同，从而对学生的心灵成长施加影响。

作文为何再抄一遍

2014 年 3 月 31 日

今天是上任的第四天。上午第三节课时，我开始挨个教室转悠，看看师生状态，了解一些基本情况。随机走进三年级的一个班，孩子们都在闷头写字。因为还不认识我，所以没有人主动打招呼，只是班主任老师走过来告诉我："孩子们在抄作文。"我点点头，俯身翻看一个女孩的作文，写得非常工整，正在誊抄到另一个本子上。我轻声问她："为什么要再抄一遍？"孩子抬头看我，小声说："这个本子上的作文批改过，不整洁，需要重新写一遍。"班主任老师马上走过来解释说："学校会定期检查作文本，评分数，所以就让孩子再抄一遍。"

看似一件小事，但背后的逻辑却冰冷得吓人。为什么要孩子重抄？因为老师嫌批改过的作文不整洁。老师为什么需要整洁的作文？因为学校要检查。那学校检查作文的标准是什么？或者可以再继续追问：学校检查作文的目的是什么？

记得十一学校的潘国双老师曾讲述过自己初中时的一个经历，他问数学老师为什么学函数，数学老师回答得很干脆："为了考试。"当他继续追问的时候，老师特别不耐烦："爱学不学，瞎问什么！"潘老师说，这段对话他一直不忘，就是因为刺激太大：为什么老师整天逼着学生学习，却不能告诉学生为什么要学呢？成为老师后，他决心做个让学生懂得"为何而学"的老师。因此，他自编数学教材，不论是潮汐现象、食物链、化学实验、火箭发射，抑或是古典名著《红楼梦》，从中处处可见数学，时时可以发生对数学问题的探究。上潘老师课的学生，常常痴迷于数学无穷无尽的魅力。

还记得李希贵校长追问的那个问题："为什么那么多孩子喜欢读书，却不喜欢语文课？" 我们还可以继续追问："为什么孩子上学前，对这个世界充满了好奇，对学习知识充满了热望，而进入学校后，能保持这份好奇和热望的孩子却越来越少？"

看到孩子抄写的这份作文，我明白了。当我们将学习变成没有任何挑战、趣味和意义的机械劳动时，学生依旧伏案的唯一原因就是对权威的屈从。我想，老师也很难从这样的教师生活中体验到教学的乐趣。记得小时候，我最喜欢一遍遍翻看被老师红笔批改过的作文，那一条条波浪线，一个个圆点点，宛如跳跃的音符，快乐地震撼着我的心。不知学校何时兴起了检查作业本？领导们能在干干净净的作业本上看到什么，又想得到什么呢？这种做法的残暴程度，不亚于逼着学生每天狂刷 100 道口算题，而绝大多数孩子都已经滚瓜烂熟。佐藤学在《学习的快乐 —— 走向对话》一书中这样阐述基础技能获得的途径，现代心理学揭示，越是基础的技能，在高级的创造性活动中越容易功能性地获得。例如，让发生拼写错误的儿童反复训练，不仅会进一步扩大他跟其他儿童的落差，而且会挫伤儿童的学习积极性，对于基础技能的记忆和巩固也没有效果。倘若让他跟其他儿童做合作的作业，参与高级的创造性活动，提供更多的接触书籍和资料的机会，更多地给予用文字表达自己思想的机会，反而有助于拼写之类的基础技能的习得。拼写错误即便不去矫正和训练，也能够在创造性活动和跟伙伴的交往之中，自然而然地得到修正。

而现实是，课堂上的"假学习"每天都在发生。一个班 40 名学生，认知基础、学习能力等因多种因素影响而存在很大差异。每堂课开始时，教师面对的是处在不同起点的孩子，一堂课下来，无论师生多么努力，每个孩子仍旧会以处在不同终点的事实结束这节课。问题是，这一事实往往被忽略，老师会使用统一的教案、统一的节奏、统一的课堂评价标准、统一的课后作业实施教学。于是，每天的课堂上都有“不学已会”和“学了也不会”的假学习的学生，每天都有不需要做家庭作业的孩子在挑灯夜战，也有压根儿不会做的孩子在盯着书本发呆、发愁。

什么是学习？

佐藤学先生对学习的基本理解我很认同。他说，学习是一场旅行，是从已知世界到未知世界的旅行；学习是一种相遇，是与他人的相遇，也是跟未知的自己的相遇；学习也是一种对话，是学习者与新世界的对话。

首先，一分校应该让学习成为一件令学生感到新奇和兴奋的事情。儿童对新事物的探索往往抱有与生俱来的热望，认知冲突的解决过程充满刺激和乐趣。其次，学习的内容，既要有一定的挑战性，又要有一定的梯度。没有挑战性，学生容易厌倦；没有梯度和脚手架的帮助，学生容易因挫折而放弃。最后，学习要富有意义感。意义感来自内心的体验，“为什么学”往往比“学什么”更重要，这是启动学生学习内驱力的按钮。

老师们不应该再被这样的检查制度牵着走了，我们有许多更重要的事情要做。第二天，小学的老师都接到了这样一份口头通知：“学校取消检查作业本。”

一场被取消的拔河比赛

2014 年 4 月 30 日

今天，一分校合并一个月后，初中这边准备举办一年一度的春季运动会。前些天，德育处拿出活动方案的第一稿，属于非常传统的运动会，清一色的田径项目，要求班级按照项目报名，按照秩序册参加比赛，按照成绩公布名次。我问负责老师："是否可以创新一些环节？"老师问："怎么创新？"我说："去问问学生。"

结果反馈回来了，学生们建议改造运动会内容，开一场春季趣味运动会，设计多种体育游戏，希望师生共同参与，而传统的田径比赛项目可以放到秋季运动会。我回复："就按学生说的办！"

各种体育游戏的道具搬到了操场，在运动会进行中还设计了一些幸运抽奖环节。孩子们很兴奋，笑声此起彼伏。老师们也都觉得很新鲜，连一向严肃的几位老师脸上也有了笑意。为了鼓励老师们放下，和孩子们共同参与游戏项目，我决定先从自己做起。我换上运动装，呐喊、加油，参与滚球项目时还摔了一个大屁股蹲儿，惹得师生一阵大笑。很快一些老师被带动起来，雀跃着加入游戏项目，有个别老师远远观望着，估计对"老师和学生这样折腾"还不太适应。

一个半小时很快过去了，按照活动流程，下面该进入师生拔河比赛了，师生混编，小组循环赛制。孩子们对这个环节最期待，笑嘻嘻地商量着战术问题。没想到广播里突然通知“运动会即将结束，请各班收拾场地迅速回班”，孩子们面面相觑，满脸失望。我快跑过去找到负责老师：“不是还有拔河比赛吗？”负责老师很窘迫地说：“有老师不愿意和学生拔河，强烈建议取消。”一股火冲向脑门，强压下去，我说：“既定的活动是取消还是进行，到底由谁说了算？麻烦你们给学生一个答案。”

欣慰的是，负责老师很具有反思意识，对临时取消拔河比赛的事情主动承担责任，她在反思中这样写道：“作为项目的总负责人，与参与活动的各部门缺乏沟通，没有对‘师生共同参与，在合作中建立良好师生关系’的活动目标理解到位，因个别反对声音而左右了工作的方向。学校任何教育活动的开展都应该以学生的成长利益和真正需求为依据，个别声音个别沟通，争取达成共识，为学生的成长助力。”

这场运动会是一分校建立后第一次比较大型的学校活动，“拔河比赛取消事件”，让我们的老师第一次开始认真审视自己的“教育观”和“学生观”。在接下来的“六一嘉年华”“校园泼水节”“开学典礼”等一系列活动中，以下这些问题不止一次地被提出、讨论、碰撞、反思，其答案也在实践中逐步明晰。

学校教育的对象是谁？

谁是学校教育活动的主角？

学校教育活动的开展要遵循什么原则？

学生喜欢什么样的教育活动？

如何判断我们的教育活动是有效的？

教育活动为什么要不断创新形式和内容？

创新的主体仅仅是老师吗？

教育活动如何上升到课程的层面进行设计和实施？

教育活动与日常教学的关系如何统整？

老师们对以上这些问题的认识由回避到直面、由保守到开放、由片面到整体、由模糊到清晰，不是一蹴而就的，而是两三年脚踏实地的教育实践，让我们学会了与自己对话、与经典图书对话、与智慧同人对话、与教育实践对话，更重要的是，与我们的学生对话。

从10分钟到50秒

2014年5月8日

"校长，今天课间操集合用了50秒，"蔡老师兴奋地打电话告诉我。"没事先通知要求加快速度吧？"我问。"没有，没有，就是偷偷计时，学生现在可愿意上操啦。"蔡老师的语气里依旧是兴奋。

一个月前，我委托团委的老师在学生中间做了一次问卷调查："最希望学校做哪10件事？"统计结果很快出来了。孩子的要求并不多，一共有40多条，与总校学生"天马行空"的建议相比，显得朴素和简单，没有一条是在"为难"学校。投票排在前十位的事情如下。

1. 让午餐好吃一点儿（此前一直是外送盒饭）。
2. 课间操太无聊。
3. 希望体育馆快点儿建好。
4. 增加一些课外活动。
5. 希望老师别挖苦学生。
6. 希望老师多表扬自己。
7. 希望学校能多提供一些展示机会。
8. 总校的选修课也能在一分校开设。
9. 希望能穿上总校漂亮的校服。

10. 希望老师讲课有趣一些。

排在第一位的是吃饭问题。意料之中，“民以食为天”嘛，很难想象那样难吃的午餐，孩子们是怎么下咽的。三个月后，我们先通过教师食堂分时段为全校学生供应盒餐，暂时解决饭难吃、无卫生保障问题。之后又通过对学校原有篮球馆的改造，实现一馆多用，1000 多平方米的学生食堂彻底解决了就餐问题。十条建议中有三条是针对老师的诉求，作为校园里最重要的一对关系 —— 师生关系，成为我们三年来最倾心经营的重点工程之一。但让我没想到的是，孩子们竟然将课间操的改进排在了第二位。我随机问了几个孩子为什么，他们回答:“两套操做了好几年，我们都快吐了！”

连续观察了三天课间操的情况，发现从上操铃声响起到学生集结完毕，整个过程拖拖拉拉要花去 10 多分钟的时间；做操过程中，大多数学生神情麻木，动作上敷衍了事，只有班主任或者值周生走过时，才稍稍用力，做做样子。这样的课间操确实无聊，一件让学生厌烦无比的事情，周而复始地坚持意义何在？

“我们让学生做课间操的目的是什么？”第三天课间操结束后，我和老师们站在操场上，开始讨论这个问题。

“当然是锻炼身体。”有人回答。

“可我们达到目的了吗？”有人接着问。

“孩子们不重视，需要加强教育和管理。”一位老师说。

“加强教育和管理，孩子们就会喜欢做课间操吗？”另一个老师追问。

大家陷入思考。

“能不能让有用的事情变得更有趣呢？”有人问。

“其实，课间操是锻炼身体的一种方式，我们可以开发出多种锻炼形式，比如体育游戏，同样可以达到锻炼效果，而且孩子们会喜欢。”一位老师兴奋地说。

一张金黄色的大海报很快出现在校园里，“课间操要改革啦”的大标题异常醒目，刺激着每一个孩子的神经。大家纷纷献计献策，希望课间操能变成一件令人向往的事情。

很快，凝聚了50多位师生智慧的课间操改革方案出台了。大家反复讨论后决定留下一套广播体操，师生自创一套时尚韵律操，两套操在单周课间操上搭配使用，双周课间操的内容则是师生自行研发的体育游戏，以高度的游戏化、选择性、参与感元素赢得学生的喜爱。

就这样，站在学生角度进行改良的课间操，终于换掉了令人讨厌的模样。从上操铃声响起，到队伍集结完毕，用时不到一分钟。

想起我做班主任期间的“蚂蚁事件”，就是漠视学生想法、一味灌输我方意愿的典型案例。

当时，我所在的十一学校初一实验区共有6位班主任，我是唯一的应届毕业生，所谓的“生手”。选中我当班主任，据年级主任说，是看上了我神色中的那股劲儿。具体是哪股劲，大家也说不清、道不明，我自己理解为“隐隐的杀气”。

9月1日，艳阳高照的早上8:30，全校师生聚集在操场上举行开学典礼。之前为期三天的新生军训，把每个初一小孩都晒得黑黝黝的，一个个端坐在椅子上，颇有点军人的英姿。“嗯，没白训！”我在心里点点头。主席台上，按照既定流程推进典礼，台下五六千师生横平竖直，正襟危坐，好不壮观。我坐在班级队尾，眼皮子底下延伸出去两支男女队列，接受着我如同探照灯般的目光扫射，孩子们笔挺的坐姿像强心剂一样鼓舞着我的心绪——很饱满，很昂扬。突然，探照灯发现了状况，我班队列中间的两个男孩只剩下拱起的背和蹭来蹭去的屁股，侧头定睛一看，他们俩正头碰头玩着什么，一边玩，一边笑，四只手还不断动来动去。这还了得，大庭广众之下，这不是故意给班级抹黑吗？碍于庄严的场面，我不好站起来警示，只好让我前面的男同学悄悄向前传话，于是一股人浪鬼鬼祟祟地传导过去，没想到两个男孩压根儿不理会，接着玩。三股人浪都消失于无形。我的愤怒如同奔涌的岩浆，烧灼着全身每一粒细胞。咬牙忍着！近两个小时的开学典礼终于结束了，与其他同学生无可恋的样子截然不同，两个男孩神采飞扬、意犹未尽。回到教室，我厉声喝住他们两个不许回座位，站在教室前面听候发落。这通批啊！用体无完肤来形容似乎都不够。终于知道了他们因何着魔——玩蚂蚁！“难道你们认为玩蚂蚁比参加开学典礼重要吗？”这是我反复以凶狠的口吻发出的质问。他们不回答，就那么木然地站着。

其实，还用回答吗？

前两年，早已经大学毕业的两个孩子回来看我。谈起这件事时，我真诚地表示歉意，希望他们能够原谅我当时教育方式的简单粗暴。他俩笑个不停：“没事，没事。老师，是我们不懂事，别人怎么不玩哪！”孩子远比我们更善解人意。

精心策划的开学典礼，为什么抵不过两只蚂蚁的魅力？

做团委书记负责开学典礼这项工作后，我真心发现，想要抵过两只蚂蚁的魅力，还真不是一件容易的事儿。仅仅有设计还不行，关键是基于什么认识的设计。没有学生立场，一切都将是空谈。

赢得学生，而不是赢了学生

2014 年 9 月 26 日

已经开学快一个月的学校，除了一块操场、两个屋顶需要利用十一黄金周进行修缮外，其余工程均完成了收尾工作。今天早上，校园中间的那排大杨树下，铺上了绿绿的草皮，需要养护一段时间后才能真正扎根。

发现孩子们总跑到草皮上去玩耍，担心小草无法存活，我就在干部微信群里提醒各位学部主任："草皮刚铺好，课间操时告知孩子们不要踩踏。"

下午放学时，负责常规检查的老师发现仍旧有孩子在上面跑闹，一个三年级的小朋友甚至把整张草皮都掀起来了。老师上前阻止，学生着急地说，他有两枚硬币掉进草皮缝里了，必须掀开找。问他，班主任是否告知过草坪目前不能踩，更不能掀起来。学生说，老师告诉过。

常规老师有点急："太不像话了，明知故犯，这事咱俩得说清楚！"

接下来戏剧性的一幕发生了。

学生掀草皮的事情很快传到年级老师那里。一位学部主任发给我几张年级教师群的对话截图。

"啊？草皮是真草呀？"

"一直以为是假草坪呢！"

"我还纳闷为啥不让踩呢！"

…………

原来，合校之前大树下面一直铺假草，师生都知道，每天踩来踏去习以为常。如今变成真草，并没有引起大家的注意。我自以为大家都知道，所以简短留言，并没有强调真假的问题。学部主任因忙碌无暇多想，就照葫芦画瓢把我的留言转给老师们，老师们如法炮制传达给学生。没有人想过，为啥这草坪突然就不让踩了呢！

我深感惭愧，差点错怪学生。很多时候恰恰是我们自身的原因，导致学生出现这样那样的问题。而这些问题，并非真的教育问题。

面对学生，面对学校里每天的大事小情，是从管理的角度，还是从教育的角度思考与行动，结果截然不同。

比如，面对课间操应付了事的学生，如果仅仅是加大扣分与惩罚力度，很容易导致师生关系对立，但如果真诚邀请学生参与到课间操的变革中，多听取孩子们的想法和建议，面目可憎的课间操就会变得人见人爱、花见花开。前者的行为是管理，后者的行为是教育。

再比如，总有学生到教导处反映买饭加塞现象，一些情绪激动的孩子甚至要求教导处老师要去食堂抓现行并“杀一儆百”。教导处没有这么做，一是加塞只是个别现象，不能小题大做，二是当场曝光会让学生颜面扫地，教育不成反而造成师生关系对立，不利于问题的解决。冯庆鑫、田艺伟两位老师决定让学生会以项目研究的方式，寻求解决问题的办法。于是，针对食堂加塞现象，学生会成员分头在自己所在的年级中成立学生项目组，以“告别加塞，让就餐更愉快”为主题进行问卷调查，研究出现加塞现象的原因。结果，学生给出的原因很多样，并非简单的一条“素质低”。有的是因为赶时间有急事，偶尔为之；有的是中间去厕所，回来后归位被误解；有的是主食需要添加，重新排队太浪费时间，等等。于是，学生会成员针对不同的问题，广泛征求学生的意见，希望通过改进食堂管理以方便同学就餐。至于个别确实因习惯不好而加塞的学生，可以通过宣传教育或者个别谈话改正，也可以吸纳进该项目组，通过参与而改变自己的行为。

最近，收到一篇来自八年级主任隋子英老师的工作反思，她是一位极具责任心和勤奋品格的干部。她的反思带给我的触动很大，我们越来越多的老师开始懂得从自身角度反思如何更好地教书育人了。

今年年级老师的教育教学诊断数据与上学期相比，有下降。为什么老师比上学期付出更多，学生满意度反而下降呢？从刚开始接触数据的抵触、不理解、不愿意去面对，到今天能够心平气和、理性客观面对，是我教育生涯上又一次自我认识的突破。

年级学生和老师的关系总体上比较和谐、融洽。数据低的原因，我通过反思认为，责任主要在我这个年级负责人身上。我是一个容易较真的人，做事情喜欢中规中矩地进行，一就是一,二就是二；处理事情给人的感觉往往是不留情面的；要求事情比较严格，对任何事情都需要好上加好、追求完美等。所以，有时不免要和学生较劲，给学生留下不宽容、爱挑毛病的刻板印象。

面对年级管理，现在想起来，学生和我之间产生的误解多是沟通不畅造成的。事情本来只是当事人知道，处理事件的老师知道。学生的好奇心，会发酵，他们会通过各种小道消息进行搜索，得到的信息多与事实有偏差。不能及时沟通解开大家心中的疑虑猜测，不免造成学生的不认同与反感。而这种不良情绪势必会影响数据。

上周三，在年级会上我转变了一贯的做法，不是一本正经、严肃地说事情，而是心平气和地跟孩子们讲了一些事情处理背后的原因，希望能够得到学生的理解和支持，也希望能有更多的同学参与年级管理。会后，好几个学生跑过来主动提出一些想法和建议，希望得到我的理解和支持。看到孩子们一张张真诚的脸，我很开心。

我们平时做了很多自以为是的事情，虽然费力不少，但并没有在学生层面获得认同。作为年级的负责人，自己的做法有时候就是方向标。

对学生多角度、弹性看待问题要积极进行引领，要多进行感恩、宽容等良好行为品质的育人课程的开发，并以学生喜爱的方式落地。关于年级管理，要多征求学生意见，发挥学生力量，相信很多事情学生会做得比我们想象的要好。只有构建彼此信任的良好师生关系，才可能让学生接受我们的引导与帮助。

做老师的，要真正赢得学生，而不是赢了学生！

“做老师的，要真正赢得学生，而不是赢了学生！”隋子英老师的这句话堪称一分校诞生的最经典的教育金句之一。

“对不起，校长，我得问问孩子的想法”

2015 年 3 月 25 日

晚上在朋友圈看到晓蕾老师晒一年级学生“春天课程”的作品，小男孩赵景昕的画让我一眼就萌生了据为己有的贪念：画面气息饱满盎然，最喜欢的是那三只胖乎乎的春燕，又笨又萌，一副下沉式的飞翔状态，可爱至极。

我私信晓蕾：“太喜欢小家伙的画了，能让他送给我吗？我可以送他一本书。”为掩盖贪婪，我连忙开出条件。晓蕾回复：“好眼光！但对不起，校长，我得问问孩子的想法。”晓蕾的回复自然、平静，虽然也为学生的画被校长喜欢而高兴，但绝不因为你是校长，就立马包办代替。一句“我得问问孩子的想法”，看似平淡无奇，实则字字珍贵，这是对孩子独立人格的尊重，是平等、民主师生关系的细微体现，没有正确的儿童观，断然做不出这样的自然反应。

回想自己当班主任的第一年，做了多少忽视学生甚至是伤害学生的事啊！有件事至今想起仍旧冒冷汗。

2001 年 11 月份，刚刚做了两个月班主任的我，浑身充满干劲，经过 60 天的摸爬滚打，新班级终于步入正轨了。每天清晨踏进教室，和煦的阳光与琅琅的读书声让整间教室焕发出勃勃生机。“面对此情此景，您会满意地点一下头，然后冷静而快速地扫描一遍座位，将学生状况尽收眼底，又马上严肃而又认真地扫描一遍地面、黑板，确认一切符合标准后，会再次满意地点一下头，面部舒缓下来，嘴角微微上扬。”这是我的一个学生，多年后在一次聚会中，绘声绘色地描述当年的我。话音未落，在座的学生们都善意地大笑起来；我也大笑，笑自己当年的老气横秋、自以为是，也笑这些孩子的大度善良，能够包容一个青年班主任跌跌撞撞地成长。

当年，那个把我写成007的女孩，现在在哪儿？是否还记得忽现忽灭在我们俩之间的大鼻涕泡呢？

某个下午放学后，一位女家长在走廊拦住我，绷着脸，毫不掩饰冰冷的目光。“喂，我家孩子最近怎么样？”她竟然连刘老师都不叫。得知她是LL的家长后，我的第一反应就是“又来了一个蔑视年轻老师的家长”。作为年纪最小的初一班主任，面对四十几岁有一定阅历的家长，不免总有点儿心虚。但自尊心让我没有示弱，我和这位家长侃侃而谈，只是这位家长直到离开时依旧绷着脸。

我没太在意，简单理解为家长素质不够高，直到一天，我捡到那页日记为止。一天下午放学后，我照例到班级检查值日生工作情况，目光掠过干净的地面，LL的座位下赫然躺着一张纸。拿起来，是一页日记。“晨读的时候，007走进教室，犀利的目光扫射过来，吓得我赶紧低头，心里悻悻地想‘看今天轮到谁倒霉’。啊，今天007大发慈悲，没有批评任何一个同学。多么平静的一个早晨哪！”

每读一个字，我都有芒刺在背的灼痛，直觉告诉我，我就是那个007。终于明白了她的妈妈为何对我那样粗鲁了！道理何其简单！一个家长怎么可能喜欢上自己孩子讨厌的老师呢！回顾开学两个月以来我和LL的交往，几乎是一片空白，除了两次做操时她的态度不积极，我盯着她说“认真点儿”之外，我们之间是零交流。

第二天中午约了LL谈话。从我们坐下的那一刻起，这个女孩子就开始抽泣，不论我说什么，她都是以哭作答，并且不停地冒大鼻涕泡。随着我语速的加快或放慢，她冒鼻涕泡的节奏也跟着起伏变化。我哭笑不得，孩子，你总拿鼻涕泡配合我干什么啊？她努力控制情绪，终于哽哽咽咽说了三个字：“我害怕。”谈话半个小时，她就说了这三个字。

一晚上我都没怎么睡着。反思两个月来的班主任工作，每日打交道最多的孩子大致是两类——问题学生和优秀学生。像LL这种不声不响、文静内向的孩子几乎是被忽略的，似乎只是班级的背景。对一个刚刚离开小学走进初中的孩子，一个文静、内向的孩子，我唯一让她感受到的，是作为老师的威严与苛刻。

“我惶恐地意识到，我成了教室里的一个决定性因素，我个人的方法可以创造出教室里的情境，我个人的情绪也可以左右教室里的气氛。作为一位老师，我拥有巨大的力量来让孩子们过得痛苦或者欢乐。我可以成为折磨孩子的工具，也可以成为鼓舞孩子的火花，我可以带给他们羞辱或者开心，也可以带给他们伤害或者拯救。在所有的情况下，一次危机是骤然升级还是逐步化解，一个孩子是获得进步还是日益堕落，我的态度都有着重要的影响。”当读到美国儿童心理学家海姆·G. 吉诺特的这段话时，我被深深地击中了，说的不正是我这样的老师吗？

“建立良好的师生关系”，我们喊了多少年，开了多少会，制定了多少文件，很难说清楚。不妨追问一下：良好的师生关系是什么样子？它的基本构成要素是什么？老师在这对关系的构建中扮演着什么角色？孩子怎样判定我们是真心喜欢他的？这不是理论层面的追问，而是要在实实在在的教育生活中看得见、摸得着的，能够被师生双方，包括家长一方，真真切切感受到的。说到底，它无须轰轰烈烈做给别人看，它无时无刻不存在于琐碎的师生相处中——举手投足，一颦一笑，一来一往，老师释放出来的任何信息，哪怕是不经意的，都会不同程度地被孩子接收。孩子会非常敏锐地捕获对自己积极的或者是消极的信息，能比较准确地判断哪个老师喜欢或者讨厌自己。一个能够和孩子平等对话的教师，带给孩子的不仅仅是身心的健康、环境的安全，也会在孩子幼小的心灵里播种下尊重、平等与和善的种子，为未来的社会积蓄出捍卫这些美好事物的力量。一个未在平等、民主氛围下长大的孩子，有多大的可能性去建立和捍卫一个平等、民主的社会呢？

不允许挑选班主任

2016年6月25日

“刘校长您好，能帮朋友的孩子选个好班主任吗？”这是我今天上午接到的一条短信。一分校成立两年来，这样的短信已经越来越少，知道底细的人都清楚，求了也是白求，因为这事校长没有办法操作。

2014年6月份幼升小招生一结束，就陆续收到多条“托关系”的短信：“能给孩子选个好班主任吗？”我一律拒绝了，对那些帮助过一分校的朋友和领导，我会做好解释，为什么不能这么干，以免产生误会，影响感情。

严控这道“后门”，甚至不惜得罪人，为何？

还是先分析一下家长为什么到处求人，希望选个好班主任。

第一，班主任业务能力、教育水平的参差不齐，让家长心里没底。刚满六岁的小宝贝终于上学了，落在一个好班主任还是差班主任手里，对孩子的成长确实会产生影响。我女儿刚上小学一年级时，我也有过类似的担忧。

第二，对公平秩序的怀疑。学校是否能够公平、公正划分班级、搭配班主任，家长是无法确定的。但一想到别人可能会托关系走后门，自己“坐而待毙”，孩子岂不吃亏？于是，凡是有点门路的就开始行动了。

第三，希望孩子得到更多的关照。中国总体而言还是一个熟人社会，朝里有人好办事嘛！通过打招呼，把孩子送进所谓的好班，可以方便和班主任快速建立沟通关系，能够为孩子争取到更多的关照。

家长的心情完全可以理解，但作为学校一方，理解不等于默认。

如果学校没有自己的坚守，选择向“关系”低头，就等于默认了每个小孩子从入校第一天开始，就可以受到不公平的对待。一所学校最根本的底线，就如此轻而易举地被毁掉了。校长守不住，干部、老师自然会效仿。当这份“福利”人人都可以谋取时，“学生成长利益至上”的口号，也就彻底变成谎言了。挑选班主任，这样一件看似不大、似乎习以为常的潜规则，足以破坏学校优良组织文化的发展。

学校是育人的地方，是每个小孩子系统接受教育的生命场。我们面向学生做的每一件事情，都影响着他们对外部世界的判断，甚至影响着他们“三观”的走向。学生对公平的期待与敏感，远超我们的想象。挑班主任、选班干部、评优秀，甚至班级排座位这类看起来不那么高利害的事情，在学生这里，都是天大的事儿。你在做，他在看，当然，他也在评判。如果我们只是把他们当成不懂事的小孩子，那真正幼稚的就是我们自己了。

最后，这件事处理不好，对教师队伍产生的消极影响是不可低估的。如果我们允许家长通过“关系”挑选班主任，无形中已经对老师的“优良中差”运用错误的手段做出了非公正的评判。那些不被学校“钦点”的班主任，会怎样感受来自学校的这种选择？没有比否定一个人的努力和成长，更能挫伤一个人的积极性的了！被学校青睐的班主任，就一定高兴吗？未必！我有一位好朋友，是某小学的杰出班主任，每次都会和我抱怨：这么多“门子生”塞到我们班，苦不堪言！家庭背景非富即贵，教育工作难开展不说，对其他学生正常的成长环境也无端带来干扰。

还好，还好！一分校从 2014 年春天的第一次招生时，就对家长公开了分班原则与办法。平行分班，没有好坏，班主任在家长代表监督下，抓阄决定带哪个班。就连自己学校老师的孩子，也不照顾，按照此办法执行。可见，这事找校长没用。四年过去了，尽管偶尔还会有“走后门”的短信发来，但已属罕见，并且一解释就接受，不再为难我。看来，这条机制早已经名声在外了。

当然，公平机制的建立，仅仅能让家长消除“不找关系会吃亏”的顾虑，要从根本上解决问题，还是要回归到教师培养这一源头问题上来。

海棠节，以“爱”的名义命名

2016年9月20日

在早上的升旗仪式上，主持人向全校师生宣布，每年的9月26日为十一学校一分校的海棠节。这个节日，源自一个有趣而真实的故事，我们又为它注入了“美好”这个元素。

学校门口向阳的墙角里，有两株海棠，是2015年秋季开学前栽下的。当时的北京依旧烈日炎炎，本以为很难存活，没想到，2016年春天，两株海棠竟竞相开出白里透粉的花朵，一簇簇，生机盎然；盛夏时节更是果实挂满枝头，颜色随着秋天的脚步一路由涩绿、橙黄走到亮红。

每天清晨，走进校园的师生像约定好了一样，经过海棠树时总会不经意地放慢脚步，仰头端详一番，然后心情舒朗地走开。每天下午放学时分，海棠树下围满了谈笑的师生，与其说在等家长，不如说是海棠树下的欢聚。9月份的金秋时节，海棠果开始泛红，娇艳欲滴，看一眼，嘴里就会冒酸水，但是老师、学生都忍着没有去摘。

有一天下午，我和几个学部主任从外面开会回来，校园里静悄悄的，越发凸显两棵海棠树那压满枝头的诱人果实。学部主任朱月玲老师，这位长发披肩几十年如一日、言谈举止一贯以优雅著称的淑女，竟然大踏步走到树下，激动地说：“哎呀，校长，这海棠果一定特好吃。”我回应“嗯”，嘴里因条件反射开始冒酸水。她接着说：“咱们校风真好，真没人摘呀？”我回应“嗯”。她回头满眼恳切地说：“咱尝尝呗。”我没说话，一时不知如何拿捏这个分寸。朱美女仍在念叨：“这么好的果子，过两天一场秋雨全掉地上，烂了，多可惜。”话音未落，早已跃上防护台阶，那叫一个身轻如燕，眨眼工夫就摘了几个饱满深红的果子，分给大家。当我们的手与海棠果触碰的瞬间，心理防线轰然倒塌。大家急不可耐地在衣服上蹭了蹭，一口下去，那叫一个酸爽！

“多少人走过海棠树的时候只能望梅止渴呀？”一个说。

“咱们大人都控制不住，孩子们该多有毅力！”另一个说。

“谁说校园里的果子只能看，不能摘呢？”朱月玲老师认真地问。大家看向我，眼睛放光。我若有所思，不断点头，说：“关键是怎么摘。学生成长中心可以策划一个摘果子的课程。”

是啊！校园里结了果子，我们似乎更喜欢弘扬没人摘，以此来彰显学校德育的效果，其实这只是浅层面理解教育，是通过对人性的压抑和驯服而达到教化的目的。真实的人性是每个人都想摘！所以，我们要站在尊重人性、满足需求的角度，更深层次地理解教育。这个果子怎么摘更能发挥教育价值呢？

课程策划组的师生开始挖掘海棠树的故事。为什么海棠树能够迸发出如此顽强的生命力？大家一致认为，是“爱”赋予的力量。从两株海棠落户一分校那天起，望向它们的目光都充满了期待与呵护。这样的守望，就像我们老师和学生，以生命唤醒生命，以被爱传递爱。

校务会根据学生成长中心的建议，研究决定，将2016年9月26日，一分校成立900天的日子，设立为一分校首届“海棠节”。以后每年这个日子前后都要围绕“海棠节”开展系列的教育课程。

首届“海棠节”应运而生。我们利用周一升旗仪式宣布这个校园文化日的由来，然后通过大屏幕在全校学生中现场抽取“海棠仙子”，并邀请“海棠仙子”的班主任（导师）一同参加采摘果实的仪式。孩子们爬上梯子，老师们站在旁边扶住梯子，保护学生安全。以爱守望生命成长的画面，进一步深化了“海棠节”的内涵。

在一分校的《行动纲要》中，“把‘一分学生’培养成有智识、敢担当的生命个体，把一分校建设成为充满爱、可信赖的生命摇篮”清晰定位了我们共同的教育使命。“爱”是我校育人文化的魂。一切源于爱，我们才有了今天的教育生活。学生成长中心向全校师生征集“爱”字题词，六年级王慧婕同学的作品以最高票数当选。当学生题写的“爱”字被镌刻在那块心形石上，悄然矗立在两棵海棠树下时，以“爱”为核心的一分校文化，开始在全校师生心里落地生根。

2017年春天已经慢慢走近，学校里又栽种下几棵海棠树，大家满怀爱与善良，等待他们开花结果，等待我们第二届“海棠节”的到来。

惩戒，以学生可以接受的方式

2016 年 12 月 6 日

今天下午四点半的德育沙龙，二年级的赵文静老师和大家分享了这样一个故事。

> 班上有个小胖子叫龙龙，有一次，他午餐盛饭时打闹，食堂师傅说他，他不但不听还和师傅动手。我跟龙龙讲道理，结果他老是为自己辩解。于是我决定让他自己去亲自体验一下师傅的工作。我告诉他："不管你有多少理由，打了人就不对，罚你跟叔叔一起打饭三天。"第一天龙龙不想去，我提醒了以后他才磨磨蹭蹭地去了。一中午下来龙龙嗓子都哑了。吃完饭，看见别的孩子都要出去玩，他却要留下来整理餐具，龙龙特别羡慕。我趁机告诉他："如果你明天工作得好，我就跟师傅说让你早点出去玩。"第二天，我没提醒，龙龙就很自觉去帮叔叔盛饭了。吃完饭，师傅跟龙龙说："你今天表现很好，出去玩吧！"这么一说，龙龙反而不好意思走了，一直坚持把活干完。第三天，龙龙工作得更棒了。于是我又找到龙龙，还没开口，龙龙就说："老师，我错了。如果大家都打闹，就没法盛饭了。"在这件事中，龙龙完成了自我教育。我觉得惩罚就应该是这样，采用学生可以接受的方式，有助于他能在亲身体验和自我反思中改正错误。

这个故事让我联想起自己做德育处副主任时发生的一件事，其实每每想起我都羞愧难当，为自己管理方式的简单粗暴，为自己对教育的无知。

2005 年，我们德育处为严肃校风校纪，加大了对学生常规纪律的检查。比如，严禁学生乘坐电梯、禁止学生在校外吃饭、不许学生在非运动区拍球、住宿生的管理更是严格到剑拔弩张的地步。很快，百度贴吧上出现了大量学生吐槽，甚至对生活老师肆意谩骂。德育处介入调查，引发学生更大的情绪反弹，开始在贴吧上攻击德育处几位主任。我也未能幸免。作为一名教师，看到学生肆无忌惮的网络攻击，内心是极其痛苦的，深深感到教育的无助和悲哀。我们整天严肃校风，狠抓纪律，怎么就沦落到了这份毫无尊严的境地？哪里出了问题？第一个念头就是：抓得不够狠！于是，暗中追查，一举揪出了三位贴吧吧主，替换上了我们比较放心的学生。一石激起千层浪！贴吧里排山倒海的声讨和抗议，让我们每天如坐针毡，根本不敢上网看帖子。后来，还是我们换上的新吧主发挥了作用，快速删除不良言论，避免扩大消极影响，积极斡旋于各方声音中，化解学生怨气。按照当时的说法，他属于“阴阳两界”的跨界高手，既是老师眼里的好学生，也是凭借新锐言论赢得众多追捧的网红。

至今，一想起学生对我的网络评价，都会背上冒汗——“那个刘艳萍，就是吃饱了撑的，什么事都管！”“整天板着脸发号施令，就像谁欠她的！”……可见做出这样评价的，一定对我不陌生，甚至可能是整天工作在一起的学生干部。想起他们在我面前乖乖的样子，无论如何也无法和网络上这些“小狰狞”挂起钩来！我们的教育到底出了什么问题？或者说，我们的什么问题导致了教育的问题？一时间，我一度陷入极度的痛苦中。

后来的教育实践经常引发我对这个事件的反思，起初只是简单理解到师生关系这个层面，知道是师生关系出了问题，但导致师生关系恶化的原因，却没有深究。

2010年的时候，李希贵校长让我牵头编写新的《十一学校学生手册》，其中一章是“学生惩戒办法”。我们参考了一些资料后，很快拿出第一稿。没想到，李希贵校长看完后的第一句话是：“千万别传出去，这会让十一学校的‘学生观’成为笑话。”“枪毙”得如此决绝，我羞愧不已。

经过和校长进一步沟通，明白了第一稿的致命伤在哪儿——惩戒办法的定位不正确！换句话说，制定惩戒办法的目的是什么，没搞明白。李校长随便从中找了一条来说明这个问题：学生屡次不交作业，惩戒办法是“扣除其当月的德行分，取消其午休或者社团活动时间，补写作业直至老师验收合格”。看似学生受到了惩戒，但其代价是剥夺、损害了学生的其他权益。如此一来，补写作业没有成为学生认可的分内之事，反而成为一种惩罚手段。并且，不交作业不是道德问题，不应与德行分挂钩。

于是，我和团队老师反复琢磨这个问题。制定惩戒办法的目的到底是什么？教育不能一味夸大鼓励和表扬的作用，必要的惩戒是不可缺失的。但惩戒实施不当，不但会对学生的成长造成伤害，还会导致师生信任关系的破裂，进而引发一系列学生的成长问题。惩戒的目的，是帮助学生启动自我反思系统，认识错误，心甘情愿接受惩罚，并能积极主动承担相应责任。

目的弄清楚了，如何制定是更大的难题。我们研读了国内外很多优秀学校的学生管理办法，前后写了五稿，最后一稿是经过学生代表反复论证才最终敲定的。惩戒办法的制定遵循两个基本原则：第一，惩戒是为帮助学生进步，不能以损害学生的成长利益为代价；第二，惩戒，要以学生可以接受的方式进行。

来到一分校工作后，《一分校学生惩戒办法》与《一分校学生荣誉评选与奖励办法》一起，编进了学生手册。惩戒办法的两条原则也逐渐成为全体老师的共识。

四年级的一名男生，掐死了生物教室里的金鱼，同学们很愤慨，纷纷指责他凶残。学部主任朱月玲老师除了批评教育外，采取的惩戒办法是，要求他为生物教室养十条金鱼作为补偿，但必须从小鱼苗养起，养到鱼儿怀孕产子即可“交货”，否则的话就要为生物教室清理一年的鱼缸。为避免清理鱼缸一年的苦差，该男生果断选择养鱼。十尾小鱼苗，在男孩小心翼翼的饲养下，慢慢长大，其间还死了几条，导致男孩心疼大哭。“交货”时，男孩已经和金鱼建立了深厚的情感，此后不但每天都会去生物教室看望，还叮嘱别的同学也要爱护这些小生命。

这样的教育，这样的惩罚，是以善良激发善良，以反思促进反思。如果每个小孩子犯了错误后都能被这样“温柔以待”，成长就会成为一件特别美好的事情。

同伴关系教育需要正向引导

2016年12月30

早八点，“梦想合伙人”主题狂欢节如约而至，整个校园开始沸腾。

为何确定这样一个主题？源于某所学校发生的偶发事件。2016年年底，我们正紧锣密鼓地筹备校园狂欢节，某小学的一起校园欺凌事件瞬间刷屏，其传播之广、影响之大远超想象。一波又一波的舆论狂潮冲刷着卷入事件的每个人。有人推波助澜，剧情翻转、翻转再翻转，不断抛出所谓的真相，俨然一场全民舆论狂欢。但最终谁是胜利者呢？作为当事人的三个孩子？那位为孩子权益奔走呼号的母亲？还是陷入舆论旋涡的学校？似乎都谈不上。

各个渠道都在散播相关消息，官方、非官方的声音也都在不同程度地施加影响，我们有些老师按捺不住了，开始对学生进行预防校园欺凌的教育，个别家长也因过度关注，将紧张情绪毫无节制地传递给孩子。结果，出现了令人啼笑皆非的一幕，一个二年级的小男孩拿出手机威胁同学，你们再敢如何如何，“我爸让我录下来，告你校园欺凌”。

这是个自媒体的时代，人人都可以发声，人人都可以进行道德评判，教育敏感问题，常常是一石激起千层浪。作为教育者，我们万不可沦为看热闹的吃瓜群众，谁知道类似的情况下一次会摊上谁呢？为此，我们召开了全校教师大会，理性思考这起事件的前因后果、警示教训，更为关键的是，我们要在学生教育上做些什么。

这次全校大会，我们明确了以下几点教育原则。

第一，同伴关系教育要正向引导而不是负面激发。因此，任何老师不要单从反面案例反复告诫学生如何防止校园欺凌，而是正向引导学生怎样建立友好的同伴关系，相互包容、友爱，共同进步。

第二，相互信赖的师生关系、同伴关系是预防校园欺凌的根本。而这两对关系的建立，老师是主动方，需要积极寻找载体，让良性的人际关系互动成为班级生活的常态。

第三，一切矛盾都可以通过沟通解决。事件中的家长之所以采取极端手段将事件公之于众，是因为家校之间的信赖关系彻底破裂。但凡有一点回旋余地，事情都不会演化成无法收拾的地步。因此，通过沟通，真诚的、基于学生成长利益的沟通，任何家校矛盾都可以得到解决。

当很多学校开始在大会小会上宣讲“如何向校园欺凌说不”时，当很多专家通过各类媒体平台为“防止校园欺凌”支着儿献策时，我们坚持“正向引导”，为孩子们建立健康、安全的师生关系、同伴关系开发适切的课程。即将到来的校园狂欢节就是很好的课程资源，我们将其转化为首届“同伴关系日”，主题定为“梦想合伙人”，课程的目标，就是搭建同龄人、跨龄人之间交往的平台，通过一系列团队合作游戏，增进了解、信任和接纳。安全、健康的校园人际关系只有在这样的交往中才能建立。

最令师生感到新奇和兴奋的环节，就是寻找梦想合伙人。每位师生清晨一入校时，都要从两个箱子里抽取合伙人的名字，初中抽取小学的，小学抽取中学的。大家根据“梦想合伙人”的游戏规则，要在规定时间、规定地点与梦想合伙人“接头”，一般都是 3 ～ 4 个成员，包含一位老师。一旦小组人员会齐，就可以参加团队游戏，为狂欢节赢取消费金额。校园里像开了锅一样，大小孩子穿梭其中，不时传出找到合伙人的欢呼，也偶尔会碰到因找不到合伙人而哭鼻子的一、二年级的小朋友，但总会有高年级的大孩子主动帮忙。九年级的老师们兴奋地转发着两张照片，一个高高大大的九年级男孩牵着两个一年级的弟弟、妹妹：第一张照片，大男孩板着脸，一副生无可恋的无奈；第二张照片，两个小朋友攀上大男孩的肩头，参加团队闯关游戏，那张曾经生无可恋的脸上写满关切和急切，生怕游戏失败让两个小娃娃失望。老师们无限感慨，没想到这个因家庭教育问题而极端叛逆、性情暴躁的男孩，却被两个小孩子“折磨”得双眼充满柔情。这就是爱的力量，它唤醒了人性中最温暖的部分 —— 善良。整整一天的狂欢节，让全校师生成为因“梦想”而走到一起的合伙人，大家为了团队的共同利益去努力，在合作中、在因合作而引发的摩擦中实现了彼此的理解和悦纳。

同伴关系日标志是师生共同设计的，运用红、蓝、绿进行构图。绿色有生命的气息，万物生命平等，因彼此尊重而和谐共处，所以绿色代表尊重；蓝色，像大海一样深邃，像天空一样辽阔，海纳百川，它代表着悦纳；红色，是国旗红的颜色，它代表着团结友爱。尊重、悦纳、友爱，是一分校同伴关系日的主题词，也是我们所倡导的同伴文化。只有这样正向引导的教育，才能让每个孩子心中生长出爱与善良。

正如印度哲学家克里希那穆提所指出的，正确的教育是让孩子成为完整的人，让他们有机会在善良中成长，能以正确的方式看待人、事物、想法，以及整个人生。

钢琴，仅仅是换个地方而已

2017 年 5 月 11 日

午间，饭后，我经过小学楼一层大厅时，叮叮咚咚悦耳的钢琴声传来，不由走进摆放钢琴的那处空间，映入眼帘的场景瞬间将我萌化，正如我分享在朋友圈的那句话："傲娇、潇洒的七年级大哥哥，成功圈粉一年级小弟！"自从把钢琴放在这里，沿途多了一道趣味盎然的风景。

一个月前，总务处刘金广、张爱兵老师问我："报告厅里有架旧的三角钢琴，放在舞台一侧比较碍事，除了偶尔有个艺术演出可能会用到，一年到头几乎是闲置的，是否可以搬走？"

我问："搬到哪去？"爱兵挠挠头，说："我想想，总之不能送仓库去。"很开心他能这样回答，经过几年历练，总务处的同志已经有了很强的资源意识。

4 月 13 日早上，他发给我一张图片，是小学楼一层东侧的公共空间，近五十平方米的区域，只有一圈沙发，非常宽敞。他打算把钢琴放在这个地方，理由是"学生可以随手弹奏"。

美好的事情真的就发生了。一个平时下课学生就嬉闹、玩耍的地方，开始回荡起悠扬的琴声，或流畅，或生疏，叮叮咚咚，不绝于耳，往返的师生不由得驻足欣赏，很多小孩子经常伴着欢快的音乐唱跳。六年级的张老师说："哎呀呀，不得了，我们班那个淘气包好久不闹腾了，一下课就往钢琴那儿跑，原来是已经成功圈粉低年级学生，特别享受弹琴时被崇拜的感觉！”一年级的周老师说，她们班最近兴起钢琴热潮，会弹的练得更起劲了，半途而废的“重操旧业”了，不会弹的回家和父母嚷着要学琴。其实，就是班里几个经常现场展示的同学，严重刺激了大家的表现欲。

还是那架旧钢琴，只不过换了个地方，就有了“唤醒”的力量。为什么这种力量，不曾在那个报告厅里发生？要知道，它存放在报告厅里，已有六七年的光景了。

资源只有放在离学生最近的地方，学习才可以发生，价值才能够最大化。反思一下我们的学校，拥有豪华专业教室的不在少数，真的都在好好使用吗？曾经参观过某过个学校的书法教室，豪华得就像私人会所，但没有一丝人气，很多学生表示“从来没进去过”。这种地方，估计只有搞学校展示活动时，学生才有机会一睹芳容吧。

为什么资源宁可放坏也不愿意用坏呢？资源建设的根本目的是为学生成长服务，而不是装点学校门面。定位错了，结果自然南辕北辙

这件事，也让我更加确信一点:“改变环境可以影响人的行为。”记得八九年前，李希贵校长希望在学生公寓里全部铺上地毯，一是安静，二是舒服。一开始很多人都持反对意见，反对的理由无外乎“学生会破坏”。还记得李校长反问大家:“你们怎么断定学生一定会破坏？”后来，地毯还是顽强地占领了学生公寓。事实与大家担心的完全相反，学生没有因为瓷砖变成了地毯，就变得粗俗无礼、肆意妄为，相反，因为环境优化了，倒是让很多学生增添了一分优雅从容。难怪李校长多次强调，要让学生变成绅士、淑女，就得把他们放到那样的环境里。

三年前，当我让总务处在一分校各个空间摆里放上五颜六色的沙发时，也有人担心“学生会破坏”，并以“这里的学生和总校学生素质没法比”作为论据。我当时也纠结，最后咬牙决定这么干，就是因为想起了公寓地毯的事。沙发出现了，麻烦确实接踵而来。小孩子经常不脱鞋就上去蹦跳，或者

干脆将沙发当成乐高玩具拆开再组装。不到一个月的光景，沙发已经脏得面目全非。怎么办？全部撤掉？那不等于承认我们的孩子永远只能是这个样子吗？忍住、忍住，再忍住！我劝说同事们要忍住，其实也是在给自己打气。环境育人是需要时间的。踩脏了，我们就洗！弄乱了，我们重新摆！当然，对学生开展正面的引导教育也需要同时跟上。

现在，公共空间的沙发，只需要一个学期清洗一次。偶尔有小孩子爬上去玩，也会先把鞋子脱下来。就是因为当初的忍住，为孩子们保住了舒适的环境。慢慢地，沙发四周的墙壁上，开始定期展示学生作品；慢慢地，悠扬的琴声也在这里响起。在这样充满信赖和艺术气息的环境中，孩子们的顽劣一点点褪去，一个个自信大方、活泼有修养的少年就出现了。

蓄水池里的大头钉

2017 年 6 月 22 日

中午一点，九年级的毕业泼水节正式开泼。水花四处飞溅，师生欢声笑语。我也被学生追得东奔西逃，笑得喘不过气来。一位老师跑过来，将我拉到一边，让我看手里的东西——两只大头钉。老师说，刚才马同学告诉他，自己偷偷在蓄水池里放了几只大头钉，现在后悔了，但就找回来两只，希望老师提醒同学们，在池子里扑腾时别扎到。

我心里一紧，但也颇感欣慰。虽然，他因长期阴郁的性格总是给大家制造一些麻烦状况，但一旦理性复苏时，还是可以及时纠正自己。就这样反反复复、时好时坏度过三年初中时光。今天，他初中毕业了。尽管再次以恶作剧的方式证明自己的存在，但终止恶作剧的，也是他。孩子，终究是善良的。

教育的伟大，在于发现和唤醒每一个孩子与生俱来的潜能，以正确的方式帮助每一个孩子成长和成功。然而，教育不是万能的。很多孩子成长的问题，往往发生在家庭教育的灰色地带，老师常常无能为力，因为改变孩子的前提是改变家长。这是一件相当困难的事情。很多“问题家长”的问题在于，他根本不承认自己有问题，有的还试图迫使老师们按照他的要求做教育。

这个“大头钉”男孩，就是在一个问题家庭中长大的孩子。父母的婚姻问题、家族复杂的关系问题、父母极端的教育手段问题，等等，错综交织成一张密不透风的网，将这个孩子死死捆住。他永远将自己藏在一个帽衫里，一双从不直视人的眼睛里满是阴郁与逃避。唯一证明自己的方式，就是冷到骨子里的破坏行为。这个年级的老师从没放弃过他，父母谈不通没关系，我们不会吝啬对孩子真诚的关爱和帮助。我想，就是因为这样的情感积淀，才让这个孩子能够说出大头钉的秘密。

他的未来会怎样？我无法像对别的孩子那样，有信心做出积极的判断。但真心祈祷，他能一切安好。

原生家庭对一个人的成长究竟会产生多大影响，已经有很多权威机构在研究。其实结论早就呈现在我们身边很多学生的成长案例中，具体而真实。

小学的一名男生令老师头疼不已，不敢教育，甚至连表扬都要注意用词和面部表情，因为稍有不慎，孩子就会向爸爸哭诉“老师、同学欺负他”，于是他爸爸就会来学校兴师问罪。估计是老来得子的缘故，父母对这孩子宠溺得要命，处处袒护，导致孩子永远以自己的喜怒来判定他遇到的人和事。

中学的一名女生经常说谎话，而且面不改色心不跳，常常在同学中间挑起事端，很多时候是无事生非。老师多次和家长沟通后发现，他们的教育方式除了骂就是打，从小就这样。为了逃脱打骂，说谎成为这个孩子保护自己的有力武器。

中学的一名男生突然叛逆得要命，和父母要么一个星期不说话，要么硝烟四起，鸡飞狗跳。老师和他聊，结果孩子以极其嘲弄的口吻叙述着父母的每一个言行。他说：“我爸要求我必须按照他的要求做，哪怕我皱一下眉头，一个巴掌就会扇过来；我妈指着我的鼻子骂‘你爷爷是董事长，你爸爸是总裁，你，什么都不是’。切，狗屁，他们有什么了不起！真的，现在，一看到他们被我气得浑身发抖，我就有一种莫名的快感！”老师说，这个孩子曾经真的很乖，是被望子成龙的爸妈逼成了这个样子。真的想冲到这个母亲面前，一字一顿地告诉她：“他即使什么都不是，但，他是你的孩子！”

父母是没有培训就上岗的职业。一个小生命的突然降临，既让我们体验了生命延续的无限喜悦，也让我们陷入如何让他拥有更加成功人生的焦灼。没有经过“为人父母”的培训，甚至连一本像样的育儿书都没看过，我们就匆忙上岗，以最原始（父辈传承）、最主观（我认为）的方式开始教育，而且这项工作的周期最长，没有下岗，甚至没有监督。于是，我们自身成长中的所有问题，稍不经意就会毫无保留甚至变本加厉地映射到孩子的成长中。“一个问题孩子的背后，一定有一个问题家庭存在”，这句话并非言过其实。

父母是孩子的第一任老师，家庭是孩子健康成长的第一保证。学校除了教育学生之外，也应该开设家长学校，通过系列家长课程帮助我们的家长，让他们学会怎么做父母，怎样陪伴孩子成长。由王艳老师负责的一分校“家庭教育大讲堂”已经开课 50 余期，能够支撑我们坚持做下去的理由，只有一个：家校共育，呵护我们的孩子健康成长。

不靠人缘的评优机制

2017 年 7 月 8 日

今天周末，中午几家朋友聚餐。几个孩子都是年龄相仿的五六年级小学生，共同话语自然不少，叽叽喳喳说个不停。其中一个女孩的话题引起了大家的注意。女孩说，明天同学请客，自己不知道去还是不去，因为吃了饭就得办事。我们都笑着问，办啥事啊，这么纠结。女孩说，下周班级评选三好学生，一同学妈妈请全班女生吃饭，到时候不投票多尴尬呀！大人们谁也笑不出来了，几位朋友开始批判社会上的歪风邪气对孩子成长的影响。

每学期期末的三好学生评选，对中国的中小学生来说，都是一场高利害的荣誉之争，家长的关注度和敏感度比孩子还高。结果是，每次评选结束，除了极少数学生载誉而归、备受鼓舞外，大多数学生都成为被荣誉淘汰的人，不是不够优秀，而是每个班级都有名额限制。

另外，还有一个“民主”环节，也在影响着学生对这项荣誉的感受。一个班级里够条件参评“三好”的学生不在少数，但因为有名额限制，所以学校就通过符合条件者“自愿报名”的民主形式，解决了初步淘汰问题。为什么这么说呢？因为有些孩子害怕自愿报名后的民主投票环节，担心被当众淘汰，就选择了能够保住尊严的“放弃参选”。我几个朋友的孩子，都是这样与荣誉擦肩而过的。民主投票环节是这样的，在自愿报名的人选中，通过全班同学当场投票、当场唱票，在黑板上排列出所有报名者的票数，按照名额比例票数居高者当选。看似很公平、公正，没有什么问题。但为什么恰恰是这个环节，让很多孩子心有余悸？很多孩子给出这样的答案，大家投票，不是看谁最优秀，而是比谁的人缘好！社会交往能力还没有充分发育的小孩子之间，怎么建立好人缘呢？很多时候离不开成人的助力。于是，面对这样的评优机制，挫败感大于激励作用。

学校是什么样的地方？育人的地方。教育要培养什么样的人？首先应该是自尊、自信的人。那么，当我们的教育通过一些“看似正确”的机制让更多的孩子失去自信的时候，我们是不是该反思一下，这些机制该怎样改变，才能更好地服务于学生的成长？

还拿校级三好学生评选来说吧，这项评优机制的出发点没有问题，激励学生成长为优秀青年的目标也没有问题，出问题的地方是评选办法。既然我们明确了评选三好学生的条件、标准，就等于明确了学生的努力方向。那好，学生通过一学期的勤奋努力达到了这个标准，我们理应兑现承诺吧？偏不！为了彰显这项荣誉的含金量和稀缺性，以便对学生起到更大的激励作用，我们偏偏限定每班只能评选几名。于是，很多孩子的努力就被“名额限定”的机制一笔勾销了！这是我们设置三好学生评选的初衷吗？让那么多孩子在努力了一学期之后，无奈地承认自己“不够优秀”，真的是我们想要的结果吗？

如果我们回归到教育的本质来思考学生评优这件事，以上遗憾就会迎刃而解。各类校级优秀学生的评选，首先应让全体学生了解评选条件和办法，并取消名额限制，告诉学生只要你努力达到标准，你就有资格参评。比如，一分校的“星级龙娃”评选机制，就为每个孩子搭建了通向“更好的自己”的台阶。孩子在校期间参与的所有学业课程和实践活动，全部纳入一分校“龙娃成长课程评价系统”，不论是在学业上的表现，还是行为习惯养成、社会工作的表现，都有相关老师在网络平台上进行过程性评价和终结性评价，每天的评价结果会直接影响平台上的“龙娃成长状态”。什么意思呢？就是每个学生都有自己的专属账号可以登录这个平台，可以每天查看各个老师对自己各个方面表现的评价，以便自我诊断和自我调整。每天的评价结果达到一定标准，平台会自动显示该学生得到几枚龙娃贴。龙娃贴累计到一定程度，平台会自动提示你可以根据标准参评学期末的一星级龙娃、二星级龙娃，直至五星级龙娃。而达到四星级、五星级龙娃的学生又可以去参评年级、学校的荣誉学生和海淀区“三好学生”、优秀干部。这样的评优机制，会更好地激发学生的进取心，培养学生的自信心。我们在承认孩子个体差异的前提下，鼓励每个孩子都向自己可以达到的标准努力。只要你努力，你就可以在这个学校里找到自己的位置。

除此之外，非正式表扬的价值也可以充分挖掘。一分校通过“最闪亮的那颗星”教育活动，每个月每个班都要推选出一名“某个方面最闪亮”的学生，哪怕是写字最整洁、值日最认真；通过“光之少年”的推选活动，挖掘每个学生的榜样引领价值；通过各类校级奖学金表彰活动，让每个孩子都有因为自己的努力而受到肯定的机会，哪怕是一个小建议被学校采纳；通过学期末老师亲手书写的“生命成长奖”，帮助每个孩子“看见”自己本学期的进步足迹。

如何让孩子因我们的教育而变得更好，校园评优机制的价值确实需要重新思考和定位。

管理好校长在学生中的影响力

2017 年 9 月 1 日

今天，在微信朋友圈里无意中浏览了一位南方某中学校长的开学讲话，说实话，心里很堵。就不能说点儿孩子能听懂的话吗？起码说点和孩子有干系的话也成啊！通篇三四千字，从国家“十三五”教育蓝图到学校发展规划，从建校之初的艰苦岁月到今天课改的任重道远，重在强调“教育改革迫在眉睫，我不下地狱谁下地狱，你们也要有和我一起下地狱的勇气和决心”。连讲话对象和讲话目的都没搞清楚，可能该校长不是个例。每年开学季很多教育平台推出的系列校长讲话，水平高下一读便知。

全校开学典礼，如果校长非讲话不可，那就该好好研究一下受众的年龄状况、心理特点、认知水平以及信息兴奋点，真的很有必要。再简单点儿说，在这样的仪式上，孩子们究竟想听什么比我们想告诉什么更重要。我们通过什么样的演讲方式和内容可以成功吸引到学生是一个更为现实的挑战。经过粗略分析，发现受中小学生欢迎的校长演讲一般具备以下几个特点。第一，时间一般在 3 ～ 5 分钟。如果一定要拉长到 10 分钟，至少一分钟一个“梗”，以便牢牢吸引学生的注意力。第二，没有大话、套话、空话，直切主题说真话、说人话、说儿童话。一张嘴，就让学生感到亲切、平实，能够听得懂并能听得进去。第三，幽默很重要，而且是能戳中学生笑点的幽默。第四，脱口秀。一旦拿稿读，演讲魅力尽失。成功的脱口秀，功夫在台下。要讲的每一句话都经过了思考和衡量，都有力量。

其实，开学典礼安排校长讲话，除了仪式本身需要，主要是为了扩大校长在学生中的教育影响力。校长平实很忙，难得见学生一面，这样全校聚会的大场合，校长需要通过摆事实、讲道理让学生懂得如何做人做事。

一篇校长讲话究竟可以在学生那里引起多大的化学反应，创造多大的教育影响力，我手头没有多少例证。喜欢和学生通过日常交往，以点滴小事润物无声影响学生成长的校长，却不在少数。

一直深深记得在参访美国华盛顿州某小学时看到的场景，年近花甲的校长弯着腰为每个小朋友发盒饭，并能亲切地叫出每个学生的名字。他说，校长确实事务繁忙，但和学生打交道是他最重要的工作之一。利用每天中午给学生发盒饭的时间，他了解每一个孩子的家庭状况、兴趣爱好、心情如何、遇到的困难、取得的进步，等等。这为他可以及时关照学生的成长创造了更多的可能性。

李希贵校长通过每周一张“校长推荐”的海报，将他认为值得分享的信息推送给学生，一段话、一本书、一个方法、一位人物、一则事件……周一在既定位置贴出来，下周一更新，从不刻意要求去看，也不需学生写阅读感受，就那么从容淡定地存在，与路过驻足的学生自由平等地进行着精神沟通，心灵引领也许正在悄然发生。李希贵校长走路有个特点，大踏步走的同时，眼睛时刻饱含暖意地望向身边走过的学生，和这个笑一笑，和那个点点头，有的还随手拍一下肩膀。学生的第一感受是什么？校长眼里有“我”！所以，学生都特别喜欢他，会刻意从李校长面前经过，制造出很多“不期而遇”。

中关村第三小学的刘可钦校长将办公室设在了一楼大厅，学生每天从这经过，办公室门前的一片拱形空间就成为他们最喜欢停下来玩耍的地方。刘校长说：“将办公室设在学生必经之处，就是为了和他们多接触，哪怕掏钥匙开门的瞬间，也能顺便和路过的学生聊几句。如果我是开着门办公的话，就会有很多孩子聚拢在门外玩耍，用眼角余光扫描我是否注意到他们。”被校长关注，是每个孩子都比较在意的一件事。我相信，刘校长望向孩子们的目光一定是充满笑意和温暖的，所以，她的办公室门外从来不缺少孩子们的笑声。

亲其师，信其道。只有和孩子之间建立起喜爱、尊重、信赖的情感关系，我们才有可能对他的心灵成长发挥影响。

如何建立这样的关系呢？不需要多麻烦，三个日常生活中的小细节能做好，就会收到意想不到的效果。

第一，面带微笑，目光温柔而坚定。不会笑的校长真的很难获得学生的喜爱。微笑是人际交往最好的名片，师生之间同样需要微笑作为情感的润滑剂。一个爱笑的老师，会让学生从心底里产生安全感和归属感；一个会笑的校长，能给整个校园带来生机与温情。纵使我们无法做到经常面带微笑，但温柔而坚定的目光同样会传达积极信息，帮助构建健康有爱的校园人际关系。

第二，主动和学生打招呼。这对中国的校长来说似乎是个挑战。有些校长，能够对学生做出积极礼貌地回应，都有些困难，更别谈主动打招呼了。主动打招呼，是一种修养，也是一种教育艺术，它以师者的率先垂范为孩子们做出了榜样。很快我们就会发现，这个校园里主动和校长、老师打招呼的孩子越来越多，有的甚至会大老远跑过来，一边跑一边呼唤你，就等着你那一声积极热情的回应。“榜样、对话、实践、证实”，这是美国女性主义教育哲学家诺丁斯提出以“关心”为核心概念的学校教育的四种方法，其中榜样是放在首位的。

第三，面对犯错的学生，校长不要轻易批评。小孩子哪有不犯错就长大的？我们每天都会在校园里碰到触碰校规底线的学生，怎么办？叫过来厉声批评吗？学生一定很害怕，估计也会很快认错，除了本身有错，还因为你是校长。但如果校长经常充当校园警察的角色，学校就会慢慢失去学校应有的样子。学生的心理安全感遭到破坏，消极悲观，甚至愤怒的校园生活体验，就会让他们开始讨厌学校、老师和学习。此外，校长这样做，也为全体老师做了不好的示范，直接影响老师对待学生的态度和方式。校长，一定要成为孩子心中永远都不会坍塌的成长防线，抵挡住外界风雨，和老师们一起撑起一片净朗、快乐的天空。

一位三年级小朋友的作文——马盈芙的《我和艳萍校长》，对我做校长的表现给予了肯定和激励。对此，我很感动，这也让我更加谨慎地管理好校长的影响力，因为每一个小生命的成长，都值得我们敬畏和捍卫。

三年前，当我即将成为一名小学生时，我曾担心地问妈妈："学校的校长和老师凶吗？"妈妈笑着说："怎么会呢？他们都是很喜欢小孩的人。"果不其然，一上学，我就感受到了这一点。

在开学典礼上我第一次见到了艳萍校长，她有着漂亮的卷发和亲切的笑容。三年来，我得到了校长许多关爱与鼓励。最让我记忆犹新的是上学期我荣幸地参加了"校长有约"。与校长共进午餐时，我提出了新一年级小朋友的校园卡上要使用新校训。校长听了连连点头，后来这个建议被学校采纳了，我因此获得了校长奖学金"金点子"奖。

那天，学校举行了隆重的奖学金颁奖典礼，我和其他获奖同学一起走红毯，成为闪光灯下的焦点。艳萍校长亲自为我们颁奖，她摸着我的头，夸我真棒，然后搂着我的肩膀，合影留念。校长让获奖同学每人选一本书，她来为同学们题词、签名。我选了一本《遇见未知的自己》，校长为我题词："盈芙小友，这本书可以和妈妈一起共读，成为更好的自己！"

我会永远记住校长的话，努力成为更好的自己！

“我要自己去春游”

2017 年 11 月 8 日

中午，在食堂吃饭，和郭杏好老师坐一块儿。她吃得很急，一边吃一边向窗外看。我询问怎么了，她说：“您看窗外，小瀚一直在等我。我上午去进修，估计他没看到我又心慌了，就到食堂来堵我。”我笑着说：“看来这孩子真把你当妈妈了。”郭老师爽朗地笑起来：“有这个儿子也不错，整天对我嘘寒问暖的。”

小瀚，是我 2014 年来到一分校上任第三周认识的小男孩，五年级，胖胖的，皮肤黝黑，脸蛋泛红，说话声音比女孩还要尖细，与他的外貌形成强烈反差。

一天早上，我碰巧转到小瀚所在的班级，班主任王老师正和他谈话，王老师一脸焦虑，孩子一脸泪水。见到我进来，王老师马上拉住我：“校长，下周春游这孩子偏要自己去，不让奶奶跟着！这可不得了，非出事不可！”

“为什么奶奶要跟着？”我问。

“孩子随班就读，这儿有点问题。”王老师指了指自己的头，小声说，“智力低，父母离异又再婚，只有奶奶照顾。以前每次外出总乱跑，所以奶奶必须跟着。这次也不知怎么了，死活不让奶奶跟着，和我磨了一天了。”

“别急，我们一起来想办法。”我安慰王老师。看着孩子混着泪水的脏兮兮的脸蛋，我的心被揪得很紧，既心疼又心酸。奶奶是否跟着，对我们来说，只关乎管理上的安全，对他来说，却关乎成长的尊严。虽然和别的孩子不一样，但他依然有长大的一天。

我把小瀚领出教室，摸着他的头悄声问："如果你自己去春游，不让奶奶跟着，能照顾好自己吗？"男孩使劲点头，小声说："我能。""好的，我相信你！"我重重地拍拍他的双肩。小瀚咧着大嘴笑了。教导处安排了一位老师帮助王老师组织春游，主要任务是暗中关照小瀚。小瀚整个过程中没让老师操一点儿心，一路玩一路哼着歌。王老师特意表扬了他，小瀚很高兴。

王老师还告诉我，这个孩子虽然智力发育慢，但特别爱看书，走廊里的书差不多都看遍了，有时候走廊里风大，但他站在风口照看不误。听后，我马上送给小瀚一摞书，他也很快把我当成了好朋友，每次见面都要拍拍我的肩膀。新学期的某一天，我信步走进建筑模型教室，一组用橡皮泥捏成的作品吸引了我——美丽的公主牵着一只快乐的小海星在海边奔跑，不论是造型设计还是色彩搭配，堪称精品。模型老师告诉我，这是小瀚的作品——美丽的公主是妈妈，小海星是他自己。我眼睛湿润了。一个渴望母爱的孩子，在这样的适合他的课程里，以自己的方式表达着自己的内心。

在一分校，还有六七个这样随班就读的孩子，有的是智力发育较慢的，有的是自闭症儿童。无一例外，因为课程越发丰富，这些过去在语文、数学、外语课堂上饱受煎熬的孩子，在陶艺、绘画、设计、动漫、建筑模型、轮滑、独轮车等艺术、技术、体育的模块课程里，却如鱼得水，久违的欢笑出现在他们脸上。我相信，当上帝为他们关上一扇门的时候，一定会为他们打开一扇窗。在一所释放天性、尊重个性的学校里，他们会感受到自己真实而确定的存在，在丰富多彩、可供选择的课程里，他们不寻常的一面就会显现。

小瀚每次在校园里碰到我，都会拉着我叽里呱啦说一堆，不管是高兴的还是不高兴的，但归根结底他是高兴的。慢慢地，我发现他身边也有了朋友。

如今已经读到九年级的小瀚，个头蹿到一米七五了，每天一脸阳光。除了年级师生共同营造的悦纳环境外，给予他母亲般关爱的郭杏好老师成为他重要的精神支撑。

下面请看八年级数学郭杏好老师在学校一次德育沙龙上的分享。

我的导师班有一个叫小瀚的孩子，从小父母离异，和奶奶生活在一起，整个小学期间都是奶奶接送上学。他和正常孩子不太一样，智力发育有问题，有时和他交流听不太懂，听课也较困难，考试基本是写上名字、蒙一蒙选择题就算做完了。走班选课让小瀚不知所措，总是拿着课表不知道去哪里，我只好亲自送他去。因为他经常丢课表，我就专门给他准备了一个课表贴在图书柜上。但时间久了也不是个办法，我不可能每次都有时间送他去，就给他配了课表跟他差不多的同学担任“走班助理”。每次选课，年级排课老师都为小瀚头疼，他自己说不清楚，家长也看不明白通知。后来我们商定把家长请到学校来，手把手教他和家长选课的流程，中间若有什么不懂的问题，又给他配了同学担任私人“选课助理”，直接一对一解决。现在的开放性实践活动每次也都是选课助理帮他做评价。学校食堂配备自动充值机方便学生为饭卡充值，他一直学不会，好几次出错，我就赶紧给他配了冲卡助理；后来随时遇到新的问题随时配专门助理，如心理疏导助理、语数外学科助教……孩子们对他都非常友好、善意，大家一起过狂欢节，一起进行圣诞节许愿、课间操结对子运动，一起唱生日歌……

每天我早早地来到导师班，迎接我的总是小瀚有礼貌的问候：“郭老师早！”每天中午从餐厅返回的路上也都会遇到小瀚主动上前迎接：“郭老师好！”记得有一次我出差了，一天没有回学校，听老师们说他这一天丢了魂似的见谁都问：“郭老师去哪了？什么时候回来呀？”我成了他生活中不可少的一个亲人，他也成了我20多年教育生涯中建立母子般特殊情感的一个孩子。我们这个导师组很团结，同学们都善待他。出于照顾，大家没有给他安排值日任务，他却主动要求和大家一样承担，于是我就安排他负责倒班级的垃圾桶。就干这一件事，多了他会记不住。没想到他坚持得非常好，期中表彰时我给他私人定制颁发了奖状——“卫生天使”和“自习标兵”。对此，他非常骄傲，每次都要求拍照发给爸爸，希望得到爸爸的表扬和肯定。现在小瀚已经不用拿着课表就能非常从容地找到上课的教室，英语还取得了跨越性进步，连续两次期中考试英语都及格了，这令大家感到非常震惊。记得去年教师节那天，我刚来到教室，小瀚就抱着一大束红红的康乃馨跑到我面前，高兴地说:“郭老师，教师节快乐！这是送您的花，郭老师，您喜欢吗?”接过孩子的鲜花，我非常激动，眼睛湿润了。小瀚是个很善良、懂感恩的孩子，瞬间觉得我的陪伴和守望是那么的伟大而有意义。

小瀚收获了成长和进步，小助理们收获了助人的快乐和自我成长。这样的互助共同体已经成为我的导师班最美的教育风景。

“每一位孩子都是一个世界，要耐心地、公平地对待每一位学生，要十分小心地呵护每一位孩子的世界，即使他是不完整的。”这句写进学校《行动纲要》的话，小瀚们的成长故事对此做了生动的注释。

图书在版编目（CIP）数据

点燃教师，照亮教育：学校生长日志 / 刘艳萍著. —北京：中国人民大学出版社，2018.8

ISBN 978－7－300－26046－4

Ⅰ.①点… Ⅱ.①刘… Ⅲ.①中学—学校管理—经验—海淀区 Ⅳ.①G637

中国版本图书馆CIP数据核字（2018）第179802号

点燃教师，照亮教育：学校生长日志

刘艳萍 著

Dianran Jiaoshi, Zhaoliang Jiaoyu: Xuexiao Shengzhang Rizhi

出版发行	中国人民大学出版社		
社　　址	北京中关村大街31号	**邮政编码**	100080
电　　话	010－62511242（总编室）		010－62511770（质管部）
	010－82501766（邮购部）		010－62514148（门市部）
	010－62515195（发行公司）		010－62515275（盗版举报）
网　　址	http://www.crup.com.cn		
	http://www.ttrnet.com（人大教研网）		
经　　销	新华书店		
印　　刷	北京东君印刷有限责任公司		
开　　本	168 mm × 239 mm　16开本	**版　　次**	2018 年 8 月第 1 版
印　　张	13.75　插页1	**印　　次**	2018 年 8 月第 1 次印刷
字　　数	190 000	**定　　价**	68.00 元
